使える制度は使う、
頼れる人に頼る、
便利なツールは試す！

ムリなくできる
親の介護

工藤広伸
Kudo Hironobu

日本実業出版社

はじめに

初詣で神社に行き、おみくじを引いたら「大凶」……。

その年の運勢を悲観し、肩を落としてしまう方や、もう一度おみくじを引き直し、結果をリセットしようという方もいると思います。

介護もこの「大凶」と似たところがあって、正直、自分だけが「人生の貧乏くじ」を引いてしまったような感覚に、最初はなってしまうかもしれません。

とくに40代、50代の多くは、いつはじまるかもしれない介護に対して、漠然とした不安を抱きながら生活しています。2度も介護離職をしたわたしから見れば、**介護のはじまりは、自分や家族の人生を一変させるほどの大きなイベントです。それでも多くの人は備えようとしないし、まだ先のことだと思っています。**

わたしは34歳から、父、母、祖母と3人の介護をし、そのうち2人を看取《みと》り、46歳になった今も介護は継続中です。ボンヤリしていた介護への不安はすべてクリアな現実となり、わたしの人生は激変しました。しかし、介護という濁流に飲み込まれながらも、「転んでもただでは起きぬ」の精神のおかげで、自分の居場所を見失うことなく、人生の大きなイベントを乗り越えられたのだと思っています。

「老いを察する力」を鍛える

介護に興味はなくとも、自分がどう老いていくかについては、興味がある人は多いと思います。わたしも、家族が老いて介護が必要になっていく姿を見ながら、自分の老いについて真剣に考える機会が増えました。

誰もが避けられない「老い」に関心を持つことで、介護の中身まで大きく変わることを、この12年で学びました。老いに関心を持つことで、老いを察したり、観察したりする力が鍛えられます（本書の中では「老察力」として紹介していきます）。

この本では、介護がはじまる前に知っておいたほうがいい介護への「備え」、そしてわたしが介護していて感じた「老察力」の必要性、本書の副題である「使える制度は使う、頼れる人に頼る、便利なツールは試す」を実践することで、過酷で壮絶、苦悩して疲弊すると思われがちな介護を、「ムリなくできる方法」を紹介していきます。

介護保険制度の使い方、介護施設の種類の説明は、本書にはありません。20年近く経験した元会社員の目線で、介護にまったく興味のない人にも、最後まで自分事《じぶんごと》として読み進められる内容になっています。

また、介護が終わったあとにやってくる看取りや葬儀、相続も、人生において大きなイベントです。死後の手続きや相続だけで、何年も時間を取られることもあります。わたしは相続終了後、父のマンションを売却したのですが、買い手がついたとき、はじめて「介護が終わった」「介護から解放された」と思いました。ですから、相続や不動産、空き家の処分も、介護の一部として考えるべきだと思い、本書ではそれらもカバーしています。

懸命な介護の終わりを納得いく形で終わらせなければ、それまでの苦労も報われませんし、残された家族のその後の人生に、常に「後悔」の2文字がつきまとうことになってしまいます。

2度の介護離職を経験してわかったこと

2013年3月から運営している介護ブログ「40歳からの遠距離介護」のお問い合わせページには、全国から介護の講演依頼が寄せられます。一口に介護と言っても依頼内容は様々で、認知症介護、遠距離介護、在宅介護、家族介護、介護離職、介護と仕事の両立、息子介護など、多岐にわたります。

講演会に参加される世代も様々で、10代の福祉系専門学校生、50代で両親の介護がはじまったという会社員、80代で夫や妻を介護する老老介護の方など、講演会場の檀上から見える参加者の世代は、まさに「老若男女問わず」の状態です。

わたしが34歳のとき、岩手に住む父（当時65歳）が突然、脳梗塞で倒れました。家を飛び出して以降、ずっとひとり暮らしをしていた父の面倒を見ることができるのはわたししかいなかったので、働いていた東京の会社を介護離職しました。失ったものは仕事だけではありません。収入はもちろんのこと、社会的地位、将来の夢やキャリアプラン、老後の貯金、プライドなど、たくさんのものを同時に失うことになりました。

父の状態が回復したので、わたしは都内で再就職するも、今度は岩手にいる認知症の祖母（当時89歳）が、子宮頸がんで余命半年と宣告されました。同時に母（当時69歳）が認知症を発症したので、40歳のとき、2度目の介護離職をしました。

約5年という短い社会復帰の中で、わたしにとって本当に必要なものと、そうでないものの見分けがつくようになりました。経験上、社会的地位やプライドは必要なく、貯金や複業（仕事を複数持つ）は必要なことがわかったので、介護への備えとして準備をしました。そのため、2度目の介護離職のときは、落ち着いて会社を辞めることができました。

こんなわたしの介護経験に興味を持ってくださる方もいれば、不安はあってもやはり自分事ではないと思われる方がいます。せめて講演中だけでも、介護を自分事として聴いてほしい……そんな思いから、講演ではある「仕掛け」を実践しています。

講演終了後にいただいたアンケートで満足度96%をいただいたこともあり、そのときの「仕掛け」をこの本でも再現しました。本を読んでいる間だけでいいので、介護を自分事として考えていただけるとうれしいです。

そんなわたしの話と、自らが抱える介護への不安、悩み、苦しみ、悲しみと照らし合わせたり、向き合ったりして、自分の中にある答えを見つけようという方もいます。

その作業をするためには、**ただ勉強するのではなく、「共感」という要素が少し必要**

なようです。中には、講演中にいろいろな思いが交錯して、目から涙が溢れ出す方もいらっしゃいます。

本書では、各項目の最初に「ざっくりポイント」として要点をまとめ、最後に「じっくりポイント」として4コママンガがあります。マンガで描かれた世界は、現実で起こり得る介護の悩みです。わたしのブログやSNSのアイコンでおなじみの「くどひろウサギ」がピョンピョンと飛び回って、介護や人生のお悩みを解決していきます！

現在、介護真っ最中の方も、これから介護がはじまりそうな方も、この本を手に取ることで、少しでも不安が解消されることを願っております。

２０１８年12月

工藤広伸

はじめに

第1章 親が倒れた！――最初に何をすればいい？

介護は48歳で意識しはじめ、51歳からはじまる……14
介護への不安はあるはずなのに、何もしない理由……20
そもそも介護って何をしているの？……27
包括に相談する前に利用しておきたい「介護カフェ」……33
最初に家族の財産を把握しておかなければ、介護で人生が狂う……43
病院に預けるだけじゃない！　必ず役立つ「在宅医療」の世界……54
男性介護と女性介護の違いや癖を知る……65

第2章
親が認知症に!? ──認知症介護で気をつけること
知っておくべき「MCI」と「認知症」の違い …… 74
日常生活に現れる認知症のサインと自分の介護疲れをテストする方法 …… 84
認知症の人の「声なき声」をどれだけ拾えるか …… 94
すべてがダメになる……認知症の薬の現実 …… 100
認知症の人の財産を使って介護がしたいのに、できないという現実 …… 105
「ものとられ妄想」は複数買いで対応する …… 110

第3章
プロにまかせてよかった! ──1人で背負い込みすぎずに楽になるサービスの数々
「施設介護か」「在宅介護か」で悩んだら …… 116
他の介護者はどんなサービスを活用しているのか …… 125
失敗しない「ケアマネジャー」の選び方 …… 131

実際に利用してよかった「介護保険サービス」の数々……137
あえて介護保険サービスを使わないで介護をするメリット……142
使える！「訪問サービス」のいろいろ……147
どんなサービスを受けるにしても人が大切！「いいプロ」の見分け方……153

第4章 仕事を辞められない！――離れていても介護をする方法

まずは社内規則を読んでおこう……158
介護と仕事を両立することで起こる、想定していなかった弊害……169
絶対に介護離職をしてはいけない3つのタイプ……173
電化製品が故障しても使い続ける高齢者……177
「在庫切れ」は生活のリズムを狂わせる……183
「診療も薬もオンライン」の時代がやって来た……187

第5章

忙しくて時間がない！──ツールを活用して介護を楽にしよう

今どきの「固定電話」は見守りにも役に立つ！……192
介護の孤独を「SNS」で解消する……204
高齢ドライバーの運転にも活用したい「ドライブレコーダー」……209

第6章

それでも介護のために仕事を辞める！──介護離職の心得

介護離職もリストラも同じこと……218
天職の見つけ方……225
60代から拡大する人間力の格差……230
介護に向いている「フリーランス」という生き方……234
「働き方の未来2035」から見る未来の介護……239

第7章 できることはやった――そう思える幸せな看取り方

元気なうちにどう死にたいのかを確認しておく……246
葬儀屋は生きている間に決めておく……252
遺品整理業者から教わったこと……261
介護にも深く関係する不動産と行政書士……269
余命宣告は有効に使おう！　2度の余命宣告を受け、わかったこと……278

おわりに

●カバーデザイン　石間 淳
●本文デザイン　浅井寛子
●イラスト　横井智美
●編集協力　染谷昌利

第1章

親が倒れた！

——最初に何をすればいい？

介護は48歳で意識しはじめ、51歳からはじまる

ざっくりポイント

- 介護の節目の年は、自分が40歳、48歳、51歳になったとき
- 介護を意識する家族の節目の年齢は75歳
- 介護アンテナを「ゆるく」設置するだけで、驚くほど情報が集まるようになる

備えや知識があるかないかで違ってくる

まずは、みなさんの年齢と介護の関係からお話しします。

40歳になると、会社勤めの方は、給料明細に「介護保険料」の項目が追加され、フリーランスの方も国民健康保険料と合わせて、介護保険料が徴収されるようになります。無職であっても、介護保険料は支払わなくてはなりません。

大王製紙が調査した「『介護と年齢』に関する意識・実態調査」（２０１７年）によ

ると、**将来、自分が介護するかもしれないと意識しはじめた平均年齢は「48・2歳」で、実際に在宅介護をはじめた年齢は「50・9歳」でした。**

「介護がはじまる年齢が思ったより早かったか」という問いに対しては、61％の人が「はい」と答えています。おそらく50代半ばぐらいから親の介護がはじまると思っていたら、50歳になってすぐ介護がはじまり、驚いた方が多いということだと思います。

わたしの場合、34歳のときに父親、40歳で祖母と母の介護が必要になったので、調査結果よりもかなり若く介護がはじまったことになります。平均年齢は目安にはなりますが、わたしのように大きく外れることもあります。

介護への知識も備えもなかった34歳のわたしには、父の脳梗塞の知らせは相当重いものでした。病院のベッドにいた父は話すことができず、近くにあったペンと紙を使ってわたしに何かを伝えようとしました。父の手は激しく震え、文字は心電図のように波打ち、「自分の鼻を右手で触ってみて」とわたしが言うと、父の右手が頭の後ろにすり抜けるほど、ひどいものでした。

確実に麻痺が残ると思ったわたしは、誰にも相談せずに会社を辞めました。

「岩手に帰って24時間つきっきりの介護をしないといけないのか、このまま社会から取り残されてしまうのか、妻とも離婚か……」。そう思いました。

しかし今、同じ状況が起こったとしても、頼るべき場所、頼るべき人、頼るべき制度を理解しているので、冷静に対処ができますし、自らの手で人生を一変させるような行動は取りません。介護を知らない34歳の自分と、介護を知り尽くした46歳の自分。同じ人間でも、備えや知識があるかないかで、これだけ大きな差になるのです。

幸い父は、脳梗塞の症状が軽く、懸命のリハビリで歩けるまでになりました。この経験がきっかけで、わたしは介護を自分事として考えるようになったのです。

ちょっとの関心を持つだけでいい

多くの人が介護への不安を持っているにもかかわらず、なかなか行動に移すことができないのも、まず何から手をつけていいのかわからない、どう動いたらいいのかわからない、そして、まだ先のことだ、という気持ちがあるからではないでしょうか？　また、わたしのように身近な人が病気になったり、介護が必要になったりするといった直接のきっかけがないことも原因かもしれません。そうだとしても、家族がある年齢に達したら、次のようなケースを見て、介護への意識を強く持ってほしいのです。

70代前半までは自分ひとりでできていたことも、75歳をすぎると急にできなくなることが増えます。たとえば、「日用品の買い物に出かける」「バスや電車を使って外出する」などです。男女で比較すると、女性のほうが男性よりも早く、自分ひとりでできなくなることが増えます。これは、加齢によって骨や筋肉が男性より弱くなるからだと言われています。80代後半になっても、電話をかけること、お風呂に入ることは自分でできると言われているので、**75歳を節目として、生活の変化をチェックしてみるといいと思います。**

頭にハチマキをして介護の勉強をしようという心構えよりも、ゆるめに「介護アンテナ」を自分の中に設置することからはじめてみるといいと思います。わずかな好奇心を持つだけで、自分の中に飛び込んでくる介護の情報量はグッと増えます。いつもなら見ない介護関連のテレビ番組を見たり、電車のつり広告の介護の文字が気になったりするようになります。

日本の平均寿命が延びている理由のひとつに、健康への関心の高さがあると言われています。ちょっと関心を持つだけで、運動や食習慣が変化します。そのちょっとの積み重ねが、長期的な健康につながり、長寿にもつながるのだと思います。

介護も同じように、ちょっとの関心を持つことで、いざ自分が介護をするとき、またはは介護をされるときに、いつの間にかたくさんの情報を得ていて、それが自分自身を守る武器になるのです。

40歳、48歳、51歳という介護の節目の年は、あくまで目安でしかありません。それでも介護を意識したり、介護アンテナを立てたりする、きっかけの年にしてほしいのです。介護がはじまる年齢は、自分が思っているよりも早くやってくるという事実、覚えておいてください。

マンガで読む！じっくりポイント【親が倒れた！どうすればいい？】

介護への不安はあるはずなのに、何もしない理由

ざっくりポイント

・介護を自分事として考えるには、自分が介護を受けるときを想像する
・介護を自分事として考えることで、「今」というこの時間が充実しはじめる

育児と介護を比較して見えてくるもの

わたしは、一般企業で介護の講演をすることもあります。それこそ48歳、51歳という介護を意識する年齢の方が参加者に含まれていることもあります。その世代の方から、こんな感想をいただいたことがあります。

「工藤さんの講演は理解できますし、自分も介護を意識する年齢だと思います。それでも、介護についてまったく想像できません」

なぜ、介護がこれほどまでに、他人事に思えてしまうのか？

わたしは、介護を少しでも自分事として興味を持ってもらうために、あえて「育児」と介護を対比して説明しています。この際に注意しなければならないのが、日本の標準モデルとされてきた「4人家族」（夫婦2人、子ども2人）が減り、わが家と同じ「DINKS」（ダブルインカム・ノーキッズ）のご夫婦、独身の方が多いという現状です。夫婦と子どもの世帯は、1986年頃は4割もあったのに、今では29・5％しかありません。変わって伸びているのが単独世帯と、夫婦のみの世帯となり、より育児に関してイメージしづらい時代とも言えます（国民生活基礎調査の概況・厚生労働省 2017年）。

それでも育児と介護を対比して説明しているのは、「育児・介護休業法」という法律の文字通り、育児と介護が一括りにされているからです。どちらも会社を長期で休みますし、自分のキャリアに大きくかかわるという点でも似ています。しかし、**育児と介護を対比してみると、かなり大きな違いがあることがわかります。**

育児

・生まれてから大きくなるまでの過程を、自分自身が経験している
・子どもが成長していくという喜びを得られる
・出産予定日、学校の入学・卒業する日がだいたい予想できる
・育児を経験している上司や友人は、割と簡単に見つかる
・育休取得率・男性　5・14％　女性　83・2％（2017年 厚生労働省）

介護

・自分が年を取って、介護される経験はこれから
・家族が死に向かって、弱っていく悲しみを受け入れなければならない
・何年で介護が終わるのかわからないので、かかるお金の予測が立てづらい
・介護を経験している上司や友人は、なかなか見つからない
・介護休業者割合・男性　0・03％　女性　0・11％（2015年 厚生労働省）

育児も楽しいだけではなく、苦労も多いと思います。それでもここに挙げられたものを見ると、育児には光が見え、介護には影が見える……そんな印象を受けた方もいると思います。育児中のパパやママは自分の周りにたくさんいるのに、介護をしている人は自分の介護をひた隠しにしています。誰かが介護の話をすると「実は自分の母も……」という感じで、はじめて介護していることをオープンにする場面に、わたしは何度も遭遇しています。

子どもがほしいという能動的な気持ちに対して、介護はどこか受け身なものです。「この前、オヤジは元気だったから心配ない」「子どものことで手いっぱいだから、親は後回し」。人によっては他の親族が介護をしてくれるかもしれないという思いもあるので、なかなか自分事になりづらいのが介護の特徴です。

介護が自分事になるふたつの仕掛け

では、どうやったら介護が自分事になるのでしょうか？

ひとつ目は、**自分が老いて介護を受ける側になったときのことを想像することです。**

誰もが老い、いつかは必ず亡くなります。自分自身が不安のない納得のいく最期を迎えるために、講演を聴いてもらうのです。独身の方や子どもがいないご夫婦の割合が増えているので、とくに老後に頼れる人がいない方は、介護を自分事として考えるきっかけになるようです。お子さんがいる方も、自分の子どもに迷惑をかけないために、自分事として介護を考えるきっかけにされているようです。

ふたつ目は、介護を通じて、今という貴重な時間をより豊かにするために、またこれからの人生を楽しくすごすために、介護を自分事として考えてもらうようにしています。わたし自身、父、祖母、母の介護をし、祖母と父を看取ったことで、人生観が大きく変わりました。人の最期の瞬間まで見てきたからこそ、今という時間が貴重で大切なものだと思え、40代、50代でも十分若いという感覚が持てるようになったのです。仕事で忙殺され、疲れきっている会社員のみなさんをよく見かけますが、人生100年時代と言われている今、40代・50代は、まだ人生の半分に到達したばかりです。

あっという間に時間はすぎていくのに、介護のことをよく知らず、うまく誰にも頼れずに死んでいくのは、もったいないことです。**一度でいい、介護を自分事として考える機会を持つだけで、何気ない日常が貴重に思え、今という時間の無駄使いをしな**

くなります。

介護を経験すると老後が想像しやすくなる

介護が終わった人に、「介護を経験してよかったと感じること」を聞いたアンケートで1位だったのが、「自分の老後について考えるきっかけになった」でした。

介護を経験している人は、人が老いること、病気と向き合うこと、死と向き合うことをより身近に感じられるので、自分の老後を想像しやすくなります。そのため、今という時間と自分の老後を比較することで、人生がより充実するようになります。

他にも、「要介護者や親などに恩返しをできていると感じる」「医療、介護、福祉について知識が増え、理解が深まった」という意見もあります。

残念ながら、介護を経験してよかったと思えない人もかなり多く存在します。どうしたら、そういう思いにならずに済むかについても、この本を通じて一緒に考えていければと思っています。

【介護を自分事で考えるには？】

そもそも介護って何をしているの？

ざっくりポイント

・介護は、排泄《はいせつ》の世話や入浴介助のような身体的なことばかりではない
・意外と「生活のサポート」をメインに介護している人が多い

「介護＝生活のサポート」が一番多いという事実

介護というと、食事や入浴、排泄の世話、車椅子での移動介助など、身体的なことをまずイメージすると思います。しかし、介護はそれだけに留まりません。買い物や掃除、洗濯、金銭管理、服薬管理や、介護保険サービスを利用するときの窓口となるケアマネジャーとの調整、介護施設との連絡など、身体的なこと以外も含まれています。

介護と仕事の両立をしている会社勤めの正社員は、次のような介護を実施しているようです。

どのような介護をやっているのか?

1位：対面での見守り
2位：外出の介助
3位：日常的な家事（掃除、買い物、洗濯、料理など）
4位：一緒に食事をしたり外出したりする
5位：金銭管理、税金や行政手続きなどの代行支援

（介護と仕事の両立を実現するための効果的な在宅サービスケアの体制に関する調査研究・2017年 みずほ情報総研）

このように、身体的な介護より、生活のサポートのほうが多いことがわかります。
なぜこのような結果になったかというと、身体的な介護は負荷がかかるため、ホームヘルパーや介護福祉士といった、介護のプロに任せたほうが楽だからです。

また、**家族は介護のプロではないので、家族にしかできないこと、すなわち生活のサポートや、家族としての愛情を注ぐほうが自然と多くなる**のだと思います。もちろん、自立した生活を送ることができない場合は、家族の身体的な介護の負担は大きくなります。それぞれどのくらい介護が必要なのかは、要介護度で分けられます。日常生活のサポートでなんとかなる人もいれば、わたしの父のように寝たきりになってしまう場合もあります。要介護度は要支援1から要介護5までの7段階に分かれているのですが、この中で、どの介護度の人数が多いのでしょうか。

「介護=寝たきり」ばかりではない

厚生労働省が発表した最新の情報では、要介護1、要介護2、要支援1、要支援2の順番に人数が多いです（厚生労働省「介護保険事業状況報告（年報）」）。要介護度上では、日常生活はなんとか行なうことはできるけれど手助けが必要という状態の人のほうが、実は多いのです。この判定も厳しくなっているという話なので、実際はもっと介護度は重い可能性もあります。しかし、テレビやニュースなどで扱う介護はセン

図1　要介護度別の身体状態の目安

要介護度		体の状態（例）
要支援	1	**要介護状態とは認められないが、社会的支援を必要とする状態** 食事や排泄などはほとんどひとりでできるが、立ち上がりや片足での立位保持などの動作に何らかの支えを必要とすることがある。入浴や掃除など、日常生活の一部に見守りや手助けが必要な場合がある。
要支援 要介護	2 1	**生活の一部について部分的に介護を必要とする状態** 食事や排泄はほとんどひとりでできるが、ときどき介助が必要な場合がある。立ち上がりや歩行などに不安定さが見られることが多い。問題行動や理解の低下が見られることがある。この状態に該当する人のうち、適切な介護予防サービスの利用により、状態の維持や、改善が見込まれる人については要支援2と認定される。
要介護	2	**軽度の介護を必要とする状態** 食事や排泄に何らかの介助を必要とすることがある。立ち上がりや片足での立位保持、歩行などに何らかの支えが必要。衣服の着脱はなんとかできる。物忘れや直前の行動の理解の一部に低下が見られることがある。
要介護	3	**中等度の介護を必要とする状態** 食事や排泄に一部介助が必要。立ち上がりや片足での立位保持などがひとりでできない。入浴や衣服の着脱などに全面的な介助が必要。いくつかの問題行動や理解の低下がみられることがある。
要介護	4	**重度の介護を必要とする状態** 食事にときどき介助が必要で、排泄、入浴、衣服の着脱には全面的な介助が必要。立ち上がりや両足での立位保持がひとりではほとんどできない。多くの問題行動や全般的な理解の低下が見られることがある。
要介護	5	**最重度の介護を必要とする状態** 食事や排泄がひとりでできないなど、日常生活を遂行する能力は著しく低下している。歩行や両足での立位保持はほとんどできない。意思の伝達がほとんどできない場合が多い。

※出典：公的介護保険で受けられるサービスの内容は？
（公益財団法人 生命保険文化センター）

セーショナルで重いものが多いので、介護＝寝たきり、24時間つきっきりというイメージのほうが強いのですが、そういった介護ばかりではないということです。

介護施設や病院という選択肢も、もちろんあります。たとえば、特別養護老人ホームは、原則要介護3以上の方しか入居できない、費用負担の少ない公的な施設です。軽度の場合でも、グループホーム、サービス付き高齢者向け住宅、有料老人ホームなどがあります。

要介護2の認知症の母も、ヘルパー、理学療法士、訪問看護師のみなさんとわたしの支えで、なんとか自立した生活を6年も送っています。介護は身体介助ばかりがクローズアップされてしまいますが、実は生活のサポートも多いということだけでも、覚えておいてください。

マンガで読む！じっくりポイント【介護は24時間つきっきり？】

包括に相談する前に利用しておきたい「介護カフェ」

ざっくりポイント

・最初に頼るべき公的機関は地域包括支援センター
・介護カフェを選ぶときは４つのポイントがある
・介護は何を知っているかではなく、誰を知っているかのほうが大切

最初に相談するのは「地域包括支援センター」

介護で困ったとき、介護される家族が住んでいる地域の「地域包括支援センター」（略して「包括」）にまずは相談します。中学校の学区単位にひとつはある包括は、「あんしんケアセンター」や「高齢者サポートセンター」など、市区町村ごとに名称が違うこともあります。

市区町村の役所の窓口である「高齢福祉課」や「介護保険課」などに相談する方もいるのですが、土日に対応していないところがほとんどなので、平日に仕事がある方は、時間的に厳しいと思います。

包括は、休日や夜間に対応しているところもあります。市区町村のホームページや広報などで近所の包括を探して、場所や電話番号、営業時間を確認してみてください。まれにブログを運営している包括もあります。

包括は、保健師、主任ケアマネジャー、社会福祉士などが、それぞれの専門性を生かして業務にあたっています。しかし、この包括を知っている人の割合を厚労省が調査したところ、40代で24・8%、50代で30・8%という結果でした。わたしがお会いした80代の介護者も、8年近く孤独に介護をして、やっと包括にたどり着いたと言っていました。

まずは包括に相談するという基本を抑えつつ、わたしは**「介護カフェ」「介護のつどい」「認知症カフェ」などを積極的に活用してほしい**という話をいつも講演でしています。

介護未経験者はもちろんのこと、介護経験者であっても、介護カフェの存在を知らないことが多いです。

では、いったい介護カフェとは、何をするところなのでしょうか？

経験者から直に話を聞けて効率がいい「介護カフェ」

介護カフェは、介護している人が悩みを相談しに行く場所であり、介護の息抜きの場でもあります。介護の仲間も自然と増えますし、孤独になりやすい介護環境から抜け出すこともできます。認知症のご本人や介護職の方、介護未経験でも将来のためにと参加される方もいて、様々な世代、立場の人に出会うことができます。

介護カフェの多くは、ＮＰＯや自治体などが運営していて、営利を目的としていません。無料で開催しているカフェもありますし、数百円程度の会費が必要なカフェもあります。

介護者を意味する「ケアラー」という言葉を使って、ケアラーズカフェ、認知症カフェなど、呼び方も様々です。カフェは常時開設しているわけではなく月数回程度で、平日に仕事で参加できない方を考慮して、土日に定期開催しているところもあります。開催場所はカフェ＝喫茶店というわけではなく、地域のコミュニティスペース、介護施設内、介護経験者の個人宅など様々で、中にはスターバックスやマクドナルドの一角を借りて、カフェを運営しているところもあります。

介護カフェの探し方として、近くの包括や社会福祉協議会（略して「社協」）で情報を入手できますが、インターネットやSNSも積極的に活用してみてください。役所のホームページにも、開催場所の住所や電話番号が掲載されていますし、Facebookのイベントや、Twitterで介護カフェの開催を発信している方もいます。

なぜ、介護カフェの活用が大切かというと、**自分で介護について学ぶよりも、介護経験者から直接聞いたほうが早いですし、効率がいいからです。**また、ネットでは見つけられない、その地域特有の情報が、介護カフェにはあります。おすすめの病院や介護施設、ケアマネジャー、包括に行ったときに何をすべきなのかを聞くことができます。「あの病院を選んで失敗した」「あの介護施設でえらい目にあった」など、役所ではなかなか得られない「負の面」や、介護経験者の失敗談も知ることができます。

介護カフェに何度も足を運ぶうちに、情報の量も質も高まっていきますし、何より自分自身の介護に関する知識が増えていきます。参加メンバーも入れ替わることもあるので、情報も新しくなっていきますし、頼れる人を見つけることができれば、大きな心の支えになります。役所や包括の説明はよくわからなかったけれど、介護カフェですべてクリアになったという人もいるくらい、介護者にとっては大切な場所だとわたしは思います。わたしも7つの介護カフェを利用した経験があり、今でも活用しています。

ここで、介護カフェの上手な選び方を紹介します。

あなたに合った介護カフェを選ぶ4つのステップ

①参加者の世代、性別を調べる

まず、介護カフェに参加している世代や性別を確認します。カフェによっては、参加者の性別を限定して運営していたり、40代、50代という若い世代のみの参加者を募集していたりすることもあります。なぜ、世代や性別で参加者を分ける必要があるかというと、男女で介護に対する考え方や、介護の得意不得意が違うのと、世代によっても介護への考え方が違うからです。

女性介護者の場合、介護の悩みに共感して、涙を流すという場面がよくあります。男性介護者の中には、そういった重い雰囲気が苦手という方もいます。また、老老介護で、自分の妻を介護している80代男性と、親の介護がはじまったばかりの50代女性とでは、価値観がマッチしないこともありますし、独身で介護している人の集まりや、娘という立場で介護している人の集まりもあります。

わたしは男性、女性、10代から80代までの参加者とお話しさせていただいた結果、今は男女混合で、40代から60代くらいまでの方が集まるカフェに参加することが多くなりました。男女の違いを知りたいのと、世代が近いと介護の悩みも似ているために、自然とそうなりました。

それでも、70代以上のみなさんとこういった介護カフェを通じて、退職後の生活や働き方を聞くこともあります。この世代とお話をすると、いかに40代、50代という「若い」時間が大切か、身に染みてわかると思います。

世代や性別を限定していない介護カフェもあります。まずは参加してみて、自分との相性を探ってみてください。

②「ファシリテーター」の能力を見極める

介護カフェで最も大切なことは、そのカフェを仕切る「ファシリテーター」と呼ばれる人の能力です。**ファシリテーターがカフェをどう仕切るかによって、参加してよかったとも思えることもあるし、逆にストレスを抱えて帰ってくることもあります。**

わたしが好きなファシリテーターは、参加者すべてに平等に発言する機会を与えてくれる人です。とくに、介護がはじまってすぐの人は悩みが深く、対処法も知らないため、他の参加者がいることを忘れ、のべつ幕なしで介護体験を話す方がいます。そんなときにファシリテーターがうまくパス回しをしてくれれば、他の参加者の不満もなくなりますし、参加者同士で解決方法を見つけることもできます。

「介護者の悩みをすべて吐き出してあげることが大切」という考えの傾聴型のファシリテーターもいるのですが、介護カフェの時間は有限なので、他の参加者が不完全燃焼のまま、カフェが終わってしまうこともあります。

介護する人は大きな悩みを抱え、救いを求めて介護カフェにたどり着くので、ファシリテーターの役割は大変です。それでも、カフェを比較すると、その違いははっきりわかるので、まずは参加している人を平等に扱うカフェを選びましょう。

③教室形式、座談会形式、フリー形式

介護カフェの形式は、大きく3つに分かれます。講師を呼んで話を聞く教室形式、介護者が輪になって介護経験を語り合う座談会形式、話すテーマも形式もなくただ介護仲間が集まるフリー形式です。介護について勉強したいと思うなら、教室形式、みんなの介護体験談をとにかく聞きたいと思うなら、座談会形式がいいと思います。

テーマによっても分かれています。介護全般、認知症、遠距離介護、介護離職、男性介護など様々ですが、こういったテーマは話すきっかけでしかないと、わたしは考えています。話しはじめは認知症の話でも、遠距離介護、介護離職など、自然といろいろなテーマが重複します。話が脱線しないように、参加者に目的意識を持ってもらうために、テーマを設定することもあるようです。

介護職の方が多く集まるカフェ、介護家族中心のカフェ、混合型のカフェなど、職種によっても分かれていることがあるので、そういった視点でカフェ選びをしてもい

いでしょう。介護職の専門的な話はついていけないと思う家族もいますし、介護職と人脈を作るチャンスとばかり、そういったところに積極的に参加される家族もいます。

④異業種交流会の場として利用する

介護経験者だけが、介護カフェを利用するわけではありません。まったく介護経験がなくとも、これから介護するかもしれないから、情報収集しているという人もいます。カフェに集まるメンバーで仕事の話をしているうちに、異業種交流会みたいになってしまったということもありました。異業種交流会なら参加してみたいという人は、軽い気持ちで参加してみるのもいいと思います。

包括や役所の窓口よりも、強力な仲間を見つけられるかもしれない、そんな気持ちでの介護カフェの利用をおすすめします。**介護は何を知っているかではなく、誰を知っているかのほうが実は大切なのかもしれません。**

介護の相談はどこにすればいいんだ？
そんなときはまず「地域包括支援センター」へ
土日や夜間も対応してくれるところがあるのか！
助かるな〜
保健師
ケアマネジャー
社会福祉士
お気軽にどうぞ
専門的な相談に乗ってくれます
もうひとつのおすすめが「介護カフェ」
非営利で運営！
誰でも利用できるのか
NPO法人
介護カフェ
介護の悩みを話しあったり情報交換をしたりする場です
介護未経験でも参加できますよ
介護経験者、介護職などに出会えます
カフェによって運営形式、テーマ、参加者の世代、職種が様々なので
40〜50代中心
う〜ん
男性のみ
女性のみ
認知症・遠距離介護
男女混合
ファシリテーターとの相性
いくつか体験して自分に合ったカフェを探しましょう
介護カフェでは実体験に基づく貴重な情報や
ズズ〜ッ
○○病院はダメだね—
へ〜ッ
×町にあるショートステイはおすすめよ
ほ〜〜ッ
△△の対処法はね……
わたしは…しすぎて失敗したの、気をつけてね
頼れる介護仲間がきっと見つかるはずです

最初に家族の財産を把握しておかなければ、介護で人生が狂う

ざっくりポイント

・親の財産があるかないかで、介護の中身も自分の人生も大きく変わる
・介護期間は「平均寿命」で考えずに、「平均余命」で考えたほうが現実的
・親に財産のことを質問できなくても、金融機関からのダイレクトメールで把握する

財産をオープンにしていくことが重要

「わたしの息子や娘は、工藤さんみたいな介護をしてくれるだろうか」

講演会に参加される60歳以上の方は、わたしに自分の子どもたちを重ね合わせて聴いています。わたしは介護経験者として、親世代にこのようなお願いをするようにしています。

「お子さんたちは、親御さんの財産状況を知りたがっています。それは介護のためです。でも、元気な親に財産のことは聞きづらいので、エンディングノートなどを使って、銀行口座のありかや借金の記録を残しておいてください。子どもからいい介護が受けたいのなら、ぜひ行動に移してください。終活セミナーにも参加してみてください」

一方で40代、50代の参加者が多い講演会では、「元気な親に聞きづらいことかもしれませんが、財産の状況を聞き出してください。介護ができるくらいの費用があるのか、葬儀代はとってあるか、借金はあるのか、具体的な金額がわからなくても、雰囲気だけでもつかんでください」

このように、親世代、子世代の両方に対して、財産をオープンにすることの重要性を説いています。

なぜ、このように訴えるかというと、**介護が必要な家族に財産があるかないかで、子どもたちの人生が大きく変化するからです。**もし家族が財産を持っていないのなら、子どもたちは介護と仕事を両立させながら働き、介護費用を捻出しなければなりません。住宅ローンや教育ローンも抱えている場合、介護費用は大きな負担となります。

もし、親がある程度の財産を持っているのなら、そのお金で介護費用はやりくりできます。わが家もしばらくの間は、親の財産で親の介護を賄《まかな》うことができそうです。

「お金のある介護」と「お金のない介護」

わたしは、「お金のある介護」と「お金のない介護」の両方を経験しています。お金のあるなしで、介護はどう違ったのかを紹介します。

まずは、お金がある介護です。

「何かあったら、銀行にあるお金を使いなさい。葬儀代くらいは残してあるから」

わたしが小さい頃からの祖母の口癖だったので、祖母が子宮頸がんで倒れ、医療費が必要になったとき、このことをすぐに思い出しました。しかし祖母は認知症だったので、どれだけの貯金を持ち、どの銀行に口座を持っているかまで、聞き出すことはできませんでした。

とりあえず、近所の金融機関に行ってみると、「自分で判断できない方に関しては、家族でもお金をおろすことはできません」と言われてしまいました。結局、祖母のお金を使うことはできず、わたしがとりあえず立て替えることになったのです。

その後、病院で教わった成年後見制度を利用し、わたしが近所の銀行すべてを調査し、祖母の口座があるか、預金はあるかをチェックした結果、実際に葬儀代が残っていることがわかりました。大変な思いはしましたが、わたしは介護費用を立て替える必要はなくなり、「お金のある介護」が実現したのです。

祖母の財産は、娘であるわたしの母に相続されたため、母の介護費用を負担する必要はありません。わたしの時間を母の介護に提供することにはなりますが、お金までは提供する必要がないことがわかっただけで、だいぶ助かりました。

一方、お金のない介護はこうです。婿だった父は、わたしが18歳のときに家を出ました。祖母や母が住む盛岡市内に中古のマンションを買い、そこで生活していたのですが、お金の状況は最悪でした。悪性リンパ腫という血液のがんで倒れて入院したときの財産は、貯金数十万、しかもキャッシングで借り入れまでしていました。

実は祖母の相続をしたとき、ある相続人との約束がありました。それは、「出て行った父には祖母の財産を使ってほしくない、それを守ってくれたら相続を放棄してもいい」という条件でした。祖母や母にはお金があっても、父のために使うお金は1円もないという状況です。そのため、わたしの貯金を使って、医療費、介護費、生活費、葬儀、お墓など、数百万円を立て替えたのです。

わたしが貸したお金は、唯一の父の財産であった中古マンションを売却することで戻ってきたのですが、**フリーランスであるわたしの貯金がどんどん減っていく状況は、焦りしかありませんでした。**マンションが売れるまで、管理費や修繕積立金を毎月支払っていたので、終わりの見えない支払いに不安を感じていました。転職先も決めずに会社を辞め、失業手当と貯金で生活した経験があるのですが、あのときの焦りとまったく同じでした。

介護がはじまったあとで、親の財産がなく、自分の人生に絶望する前に、面倒でも元気なうちに家族の財産状況を把握しておくべきです。そこでお金がないことがわかったとしても、状況を把握しておけば準備はできるはずです。

家族に財産の質問をするのは一時の恥で、もし聞かなければ自分の人生を棒に振るくらいの気持ちで考えても、決して大げさではないと思います。

ちなみに60代以上の男女に聞いた「介護が必要になった場合の費用負担に関する意識」という内閣府の調査によると、子どもに頼る必要があると考えている方はわずか9・9％しかいませんでした。調査の回答者が、介護にかかる費用をきちんと見積もっているかまではわからないのですが、ほとんどの高齢者は、きちんと貯金しているようなので、そのありかは確認しておいたほうがいいでしょう。

では、介護費用は具体的にどのくらい必要になるかを、細かく計算してみます。

いったいいくらかかるの？　介護費用の本当の目安

介護費用の「実際の目安」を、在宅介護と介護施設を利用したケースで算出してみます。在宅介護の費用の目安としてよく使われるのが、家計経済研究所が公表した「在宅介護にかかる費用（２０１６年）」の調査結果です。これによると、在宅介護でかかる1か月平均の費用は5万円でした。生命保険文化センター発表の「生命保険に関する全国実態調査（速報版・２０１７年）」によると、介護期間（介護が終わるまでの期間）の平均は、4年11か月です。このふたつをかけ合わせると、在宅介護にかかる総費用は２９５万円となります。

介護施設を利用する場合の費用の算出が難しい理由は、介護施設の種類がたくさんありすぎて、どの施設を利用するかで金額に大きく差が出てしまうからです。公共性の高い特別養護老人ホームから、高額の有料老人ホームまで含めると、１か月あたりの費用は、６万円から40万円と幅広いです。仮に１か月20万円かかるとすると、同じく4年11か月では１１８０万円かかります。この4年11か月という介護期間の平均値をわたしの母は軽くクリアして、7年目に突入しました。よりリアルな介護費用の計算をするために、厚生労働省が発表している平均余命と健康寿命の差から、計算し直してみます（図２）。

健康寿命とは、健康に問題がなく自立した生活を送ることができる期間を言います。男性は72・14歳、女子は74・79歳です。実は平均寿命ほど男女差がないのです。女性のほうが長生きなので、介護を受ける期間は女性のほうが長いということになります。

一方の平均余命は、その年齢の方が、あとどれだけ生きられるかの期間のことです。たとえば65歳の平均余命は、男性で19・55歳、女性で24・38歳です。65歳男性は84・

図2　主な年齢の平均余命とかかる介護費用（在宅・施設）

（単位：年）

男				
年齢	平成29年平均余命（年）	寿命＝年齢＋平均余命（年）	介護費用（在宅：万円）	介護費用（施設：万円）
0歳	81.1	81.1	537	2,148
5	76.3	81.3	550	2,198
10	71.3	81.3	551	2,206
15	66.4	81.4	554	2,215
20	61.5	81.5	559	2,234
25	56.6	81.6	567	2,268
30	51.7	81.7	575	2,302
35	46.9	81.9	584	2,338
40	42.1	82.1	595	2,378
45	37.3	82.3	608	2,434
50	32.6	82.6	628	2,513
55	28.1	83.1	656	2,626
60	23.7	83.7	695	2,779
65	19.6	84.6	746	2,983
70	15.7	85.7	815	3,262
75	12.2	87.2	902	3,610
80	9.0	89.0	1,009	4,034
85	6.3	91.3	1,147	4,589
90	4.3	94.3	1,327	5,306

女				
年齢	平成29年平均余命（年）	寿命＝年齢＋平均余命（年）	介護費用（在宅：万円）	介護費用（施設：万円）
0歳	87.3	87.3	748	2,993
5	82.5	87.5	761	3,046
10	77.5	87.5	763	3,050
15	72.5	87.5	764	3,055
20	67.6	87.6	767	3,067
25	62.6	87.6	770	3,082
30	57.7	87.7	775	3,098
35	52.8	87.8	780	3,120
40	47.9	87.9	787	3,146
45	43.1	88.1	796	3,185
50	38.3	88.3	810	3,240
55	33.6	88.6	828	3,312
60	29.0	89.0	851	3,403
65	24.4	89.4	878	3,514
70	20.0	90.0	914	3,658
75	15.8	90.8	960	3,840
80	11.8	91.8	1,023	4,092
85	8.4	93.4	1,116	4,464
90	5.6	95.6	1,249	4,997

※出典：平成29年度簡易生命表（厚生労働省）を基に、筆者が作成
（寿命－健康寿命）×1か月あたりの介護費用（在宅5万円、施設20万円）で計算

55歳まで生き、65歳女性は89・38歳まで生きます。

平均寿命である男性81・09歳、女性87・26歳というのは、調査した年の0歳児が平均してあと何年生きられるかという指標なので、平均寿命よりも平均余命で計算したほうが、より現実に近い数字になります。平均余命から健康寿命を引いた期間が、介護を受ける期間と考えることができます。65歳の男性で約12年、女性で約15年の介護期間です。それに基づいて、介護費用の総額を再度計算してみます。在宅介護で考えれば、男性は７４６万円、女性は８７８万円となります。介護施設利用の場合は、男性で２９７８万円、女性で３５０２万円となります。平均余命は5歳刻みで公表されているので、現在該当する年齢から、あと何年生きられるかが確認できます。

親の財産のありかを探る方法

親の財産を知りたくても、聞くことができないという八方塞《はっぽうふさ》がりの方も多いため、いくつか方法を紹介します。

家族と同居しているなら、郵便物でさりげなく口座のありかをチェックしておくといいでしょう。わたしが祖母の銀行口座を探したときは、幼少期に銀行から送られてくる郵便物の記憶をたどりました。父のときは、入院中に部屋にあるダイレクトメールを読みあさり、どの銀行や証券会社、保険会社と取引があるのかを特定していきました。父は一時的に元気になったので、わたしの調査結果と答え合わせをしたところ、8割近くの財産状況を把握できていました。

金融機関や保険会社、証券会社からのダイレクトメールは、親の財産を探る上で重要です。最悪、ダイレクトメールしかなくても、問い合わせ先の電話番号が載っているので、確認していけばなんとかなります。

病気に入院したり、施設に入居したりと、突然お金が必要になるのが介護です。そういうバタバタした時期に、精神的ショックを抱えながらダイレクトメールを探したり、保険会社に問い合わせたりする作業は、相当疲れます。そうならないためにも、家族を終活セミナーに参加させたり、自分自身で家族にアプローチしてみたりするなどして、家族の財産を早めに把握してください。

マンガで読む！じっくりポイント【介護の方向性を決める親の財産】

病院に預けるだけじゃない！必ず役立つ「在宅医療」の世界

ざっくりポイント

・手術などを除けば、だいたいの医療は自宅で受けられる
・病院と違って、自宅という環境が生きる力を生み出してくれる
・病院のベッドが削減されている今、誰でも在宅医療を受ける可能性がある

在宅医療につきまとう不安

「大きな病院に家族を預けさえすれば安心」。そう考える人は多いかもしれません。わたしも同じ考えでしたが、悪性リンパ腫で余命1か月と診断された父を、最期に介護した場所は、大きな病院ではなく、自宅でした。

わたしは、たまたま在宅医療や自宅での看取りに関する本を読み、知識がありまし

たし、母のかかりつけ医が在宅医療の先生だったこともあって、死にかけていた父を他の病院へ転院させずに、自宅で医療を受けてもらいました。

「自宅で家族が見るなんて不安」「医師や看護師がそばにいないなんてあり得ない」。そう思われるかもしれません。しかし、わたしは父が亡くなるまでの最期の1か月半を、自宅でずっと寄り添うのではなく、東京と盛岡を往復する遠距離介護で見ました。

父は自宅に戻って来られたことに満足していましたし、家族や親族も、最終的に在宅医療の道を選んでよかったと言っています。

なぜ、そう思えるのか？　わたしはいくつかの奇跡を在宅医療で経験したからです。

在宅医療の世界は本では知っていたものの、いざ父が利用するときには、医師や看護師が近くにいない、病院のような設備がないという不安、家族として24時間、父につき添う必要があるのではないかという、さまざまな不安がありました。そのことを医師に相談すると、次のような回答をもらいました。

「病院だって24時間、1人の患者さんにつき添うことはできません。朝起きたら院内で亡くなっていたということはよくあります。夜間だって、患者ひとりひとりに看護師を配置することは、物理的にムリです。病院だから安心というわけでもないのです」

父の余命はわずかでしたから、最期ぐらい父の好きなようにさせてあげたいという思いがありました。しかし、父には在宅医療の知識がないため、最初は乗り気ではありませんでした。そこで、わたしが在宅医療のメリットを父に説明し、本人も余生を病院ですごすのは本望ではないということもあって、最期を自宅ですごすことになったのです。親族も父の会社の元同僚も、在宅医療をまったく知らないということもあって、その決断に最初は驚いていました。

自宅でも様々な検査が受けられる

実際に在宅医療を経験してみると、病院にいるのと遜色ない医療が受けられることがわかりました。**大きな手術は病院で行なう必要がありますが、それ以外の医療はほぼ在宅医療でカバーできる**と言われています。

診察時間の違いも大きいものがあります。大病院の場合は待ち時間のほうが診察時間よりも長いこともあります。在宅医療だと、医師がわざわざ自宅まで来てくださるので、診療時間5分ということはまずありません。最低でも15分から30分近くは、診察してもらうことが多いように思います。

父もそうでしたが、大学病院は雰囲気だけで緊張しますし、診察室での様子は普段と違っていることもあります。しかし、自宅だと医師に「素の部分」を見せられるというメリットもあります。とくに**認知症の人は、診察室でいいところを見せようと、いつも以上にがんばってしまい、家の様子と違うこともあるので、在宅医療は非常に有効**だと思います。

検査機器が小型化しているので、自宅で様々な検査も受けられます。緊急事態の際にも、専用の携帯に電話すると、自宅近くにいる医師や看護師が駆けつけてくれます。父の携帯が、病院でいうところのナースコールボタンの役割を果たしていたので、ベッドにしっかり括りつけておきました。

また、病診連携といって、大学病院と診療所が連携して、患者のために役割を果たすようになっています。父も大きな手術が必要な場合は、元の大学病院に戻るということになっていました。

月数回の定期的な訪問診療と、患者の希望に応じた臨時の往診、そして24時間、365日対応なので、想像している以上に在宅医療の充実を感じると思います。

在宅医療に対応している病院の探し方としては、ネットで「在宅療養支援診療所」や「在宅療養支援病院」で検索してみてください。あるいは、『さいごまで自宅で診てくれるいいお医者さん』（週刊朝日ムック）という本で在宅医を探してみたり、地元の介護カフェで口コミを集めたりという手もあります。

もうひとつ病院を探すコツとして、在宅医療を受ける場所の近くにある病院を探してみてください。というのも「16㎞ルール」という決まりがあって、診療所から半径16㎞以内に、家があることが条件だからです。16㎞は、車で約30分の距離という目安になっていて、緊急の場合でも、その時間内に自宅に来てくれます。近所にそういった病院がない場合、16㎞ルール圏外でも対応してくれるところもあるので、個々で問い合わせてみてください。

通院は大きなストレス

通院につき添う家族の負担は大変で、病院での待ち時間は介護者の拘束時間でもあります。また、介護タクシーを使えばお金もかかります。運転免許証を返納してしまい、病院に通えないという人もいるでしょう。

そういったすべての負担を軽減してくれるのが、在宅医療だとわたしは思います。**複数の病院を利用している方は、一部だけでも在宅医療に切り替えれば、通院回数が減り、会社を休まなければならない回数も減るかもしれません。**

ちなみに父の場合、わたしが不在のときでも、医師が訪問診療をしてくれたので安心でした。タイミングが合えば、診察に立ち会って医師から直接話を聞くことができました。立ち会えなくても、看護師さんから診察のフィードバックをいただいていました。わたしが通いで介護ができたのは、この在宅医療のおかげでもあるのです。

生きる意欲が湧《わ》いてくる場所は「家」

余命わずかだった父は、抗がん剤治療に耐え得る体力すら残っていなかったので、がんの痛みだけを取る緩和ケアができる病院への転院をすすめられました。それを振り切って、在宅医療を選択したわけですが、退院してすぐ奇跡がはじまりました。

父は病院では生きる気力もなく、チューブだらけで、病室の天井だけを虚《うつ》ろに見つめていました。食事も喉を通らず、氷を舐《な》めることしかできない様子を見て、わたしは明日にでも死ぬのではないかと思いました。

在宅医療に切り替えてからも、しばらくはベッドの真横にあるポータブルトイレに移動するのに10分もかかるほど弱っていて、病院にいたときと変わらないのかも……最初はそう思いました。

しかし、家に帰ってきて1週間経たないうちに、父は「『ランボー』が見たい」と言い出し、わたしは近所のレンタルビデオ店でDVDを借りました。病院ではテレビを見る気力もなかったのに、なぜ急に気が変わったのか、最初はわかりませんでした。

他にも、食欲のなかった父が「メロンパンが食べたい」「コーラが飲みたい」と言い出したり、「トイレに自分ひとりで行けるようになりたい」「また外を歩いてみたい」などと、病院では決して言わなかったことを言うようになったのです。

医師に確認を取りながら、父の希望をひとつひとつ実現していきました。約30年ぶりに親子で見た『ランボー』の内容は、正直まったく覚えていません。しかし、父が自宅で、生きる気力やエネルギーが急に湧いてきたことだけは、今でもハッキリと覚えています。

調子が出てきた父に、リハビリの大切さを説明しました。亡くなった認知症の祖母は、病院のベッドから落ちて、大腿骨《だいたいこつ》を骨折をしました。それ以降、寝たきりになってしまい、ほとんど動かなくなった祖母は、そのまま亡くなってしまいました。このとき、人は動いていないと弱ってしまうし、死が近づくことを学びました。

父には、「無重力空間の宇宙では、寝たきり状態と同じになってしまうから、宇宙飛行士は毎日筋力トレーニングをしている」という話をしました。生きる気力が少しずつ湧いてきた父は、ベッドの上で足や手を動かすようになり、訪問リハビリにも力を入れるようになりました。

死の淵《ふち》をさまよっていた父でしたが、自分でトイレに行けるようになり、外もゆっくり歩けるまでに回復しました。亡くなる2日前には、盛岡の焼肉屋でビール、カルビ、たまごかけご飯を食べたほどです。

わたしはこれを在宅医療の奇跡だと思ったのですが、こういったことは在宅ではよく起こると言われています。なぜかというと、**病院にはない、生きるためのモチベーションが、自宅のあちこちに転がっているから**だと思います。24時間病人に囲まれ、ベッドで寝ているだけでは、生きたいというスイッチは入りづらいのかもしれません。いつもの部屋のにおい、見慣れた壁の汚れ、近くの小学校から聞こえる太鼓の音……家にいるだけで、ただ環境が変わるだけで、自分の生きてきた証や思い出と結びつけることができます。単調で無機質な病院では、決してその発想は生まれません。

父は悪性リンパ腫の痛みを和らげるため、緩和ケアを行ないました。緩和ケアは、モルヒネなど麻薬を使って痛みを和らげることだけのように思われますが、本人が最期まで自分らしくすごせるようにすることも緩和ケアなのだと、医師も言っていました。

在宅医療のメリット、デメリットを知っておく

2016年に亡くなられた大橋巨泉さんのご家族は、「在宅医療に失敗した」と後悔されているというニュースもあります。在宅医療ができる病院や医師が少ないですし、看護師の中でも、訪問看護師は全体の5%しかいません。

増え続ける医療費を抑制するために、国は病院のベッド数を削減していますし、

「時々入院、ほぼ在宅」という方針を打ち出しています。その代わりに、老人ホームや自宅での看取りを増やそうとしています。家族も、「病院に空きがない」と嘆くだけではなく、在宅医療という選択肢も持っておけば、あわてることはありません。**誰もが在宅医療を選択する可能性がある時代であり、そのことを知っておくことが、今後はより大切になる**のだと思います。また、自宅で最期を迎えたいという家族のためにも、在宅医療について関心を持つことが大切なように思います。

最後に、大病院で勤務経験があり、在宅医療に転職した看護師さんの話が、とても印象的だったので紹介します。

「大病院にいた頃は、患者さん自身ではなく、モニターの数値ばかりを注視していたかもしれません。でも、在宅にはたくさんのモニターはありません。その分、患者さんの表情や動きなどを細かく注視するようになりました」

在宅医療に携わる方々がよく言うのは、病院に勤める医師や看護師は、在宅医療の世界を知らないことが多いそうです。在宅医療は家族にとっても未知の世界と思われがちですが、医療関係者にも、別世界の話なようです。

あっ、先生だ！
月に数回の訪問診療と臨時の往診もあり
ピンポーン
「在宅医療」と「通院・入院治療」の違いは？
タクシー代
1000
1000
通院
……
入院
つきっきりの看護はなし
長時間
待ち時間
なし
じっくり診察
何かあればすぐお電話くださいね
お薬を出します
ハイ次の方…
はあ…
へっ、もう終わり
たった5分なんてことも
診察時間
15～30分ぐらい
運動会か…
見に行きたいなー
楽しそうだねー
ワー
ワー
ガンバレー
なし
日常生活の刺激
あり
自分でトイレへ…
散歩に行くぞ
もっと食べたい
飲みたい
最期まで自分らしく…
在宅医療で生きる力、意欲が湧いてきます
おお、悪友か
ヨォ
生きてっか？
焼肉はウマイなー

男性介護と女性介護の違いや癖を知る

ざっくりポイント

・男性介護、女性介護にはそれぞれ特徴があり、４つのタイプに分かれる
・古い価値観に縛られると、介護は苦しく大変なものになる
・時代の顔色を見ながら、柔軟で自由な介護を目指す

嫁が介護する時代は終わった

男性が行なう介護と、女性が行なう介護には、それぞれ特徴があります。ひと昔前までは、「介護は女性が行なうもの」「嫁が行なうもの」という時代もありましたが、現在、在宅で介護する男性の割合は４割に迫る勢いです。２０１６年に厚生労働省が発表した「国民生活基礎調査」によると、介護者全体に占める「子の配偶者（嫁や婿）」の割合はわずか９・７％しかいません。

すでに嫁が介護を担う時代は終わっているのです。一般的に言われている男性介護と女性介護の特徴を、いくつか挙げてみます。

男性介護

・自分ひとりで介護をしてしまい、孤独になりがち
・親族の介護へのかかわり方を気にしない
・介護離職をすると、無職という負い目を感じやすい
・仕事のように介護をしてしまう

女性介護

・友人・知人と相談しながら、介護をする
・親族の介護へのかかわり方が気になる
・ご近所や周囲の目が気になる
・女性が介護するのが当たり前という考えがあり、それがプレッシャーになる

わたしは、こういった男性、女性の介護の特徴にも変化があるように感じています。それは世代によって違っていて、ここに挙げた特徴が当てはまる世代は、主に60代以上で、50代以下はこういった特徴が当てはまらない部分もあるかもしれません。

40代の男性であるわたしの介護を例にとると、まず自分ひとりで介護はしていません。ひとりで介護を抱え込むと、男性の場合は虐待というリスクが高まりますし、何より遠距離介護ということもあって、誰かに頼らざるを得ない環境にあります。

女性も、家事より仕事のほうが得意な方もいれば、近所の目も気にならない、男性のように淡々と介護をこなす方もいます。男性介護、女性介護の特徴は、世代が若くなるにつれ、崩れているように思います。

男性介護、女性介護を4つに分類する

もはや**介護を性別で分けるのではなく、自分が男性っぽいのか、女性っぽいのかを性格や価値観で判断する時代**なのだと、わたしは思っていて、「男男」「男女」「女女」「女男」という4つのタイプに分類しています。ご自身がどのタイプに当てはまるか、

考えてみてください。

男男タイプ

「男は外で働き、女は家を守る」という考えがベースにある人は「男男タイプ」に属します。他にも、「男子厨房《ちゅうぼう》に入るべからず」「介護は女がやるもの」という考えの持ち主です。70代、80代の男性はこうした価値観の中で生きてきたので、このタイプに属することが多いですし、30代、40代であってもこのタイプは多くいます。

男女タイプ

性別への意識があまりなく、家事も育児も介護もこなしてしまうタイプです。このタイプは、「自分の親を介護するのはまず自分だ」と考えます。場合によっては、妻の親の介護も協力するようなタイプです。子育てをするメンズ「イクメン」、介護をするメンズ「ケアメン」と呼ばれる方々で、育児も介護も夫婦で協力しないといけないと考えます。50代以下の男性に多いように思いますが、70代、80代の男性でも、こういった方は存在します。

女女タイプ

「お嫁さんだから介護をしなければいけない」「女だから家を守らないといけない」という意識が強いタイプです。一方で、女性介護者によくある、介護コミュニケーション能力が非常に高いタイプで、介護の悩みや苦しみをひとりで抱えることなく、友人や介護仲間と共有できます。周りが見えるという能力がある一方で、ご近所の目が必要以上に気になったり、施設で介護することを悪と考えたり、親族が介護を手伝わないことに対してイライラを募らせたりする傾向にあります。

女男タイプ

女性同士でつるむのがあまり好きではない、さっぱりした男性っぽいタイプです。介護と仕事を両立しながら、男性介護者のいい特徴でもある、割り切った介護ができるタイプの女性です。

女性介護者は、男性介護者ほど世代できっちり分かれないのも特徴です。30代、40代で「女女タイプ」に属している女性は多いですし、「女男タイプ」の70代、80代も多くいるため、いろいろな世代が混在しています。

「男が」「女が」といった介護に縛られない

江戸時代は男性が介護するのが当たり前で、女性が働いていたことをご存知でしょうか？　明治以降は女性が介護する時代になりましたが、平成に入って再び男性介護者の割合が増えています。このように、時代によって常識は大きく変化しているのに、古い価値観のまま、昔の常識のままで介護を続けていると、自分自身もつらいし、身動きが取れなくなってしまいます。

親やその親族の世代は、なかなかこの時代の流れが理解できず、介護をめぐって衝突することもあるかもしれません。しかしこれからの時代は、より男女間の垣根がなくなっていくと思われます。時代の変化にうまく対応しながら行動できる人のほうが、柔軟な介護ができるはずです。

まずは自分がどのタイプに属するかを確認し、**男性介護・女性介護のいい部分だけを吸収していきながら、常識に縛られない自由な介護を目指すべき**だと思います。

マンガで読む！じっくりポイント【男性と女性の介護の違い】

第2章

親が認知症に!?

——認知症介護で気をつけること

知っておくべき「MCI」と「認知症」の違い

ざっくりポイント

・認知症予備軍として「MCI」がある
・MCIの段階で発見できれば、認知症にならずに済む可能性がある
・家族にMCIの検査を受けてもらうのは、簡単なことではない

それ、「単なる老い」で済ませてはいけません！

「平成29年度版高齢社会白書」によると、介護が必要になった原因のベスト3は、「1位・認知症」「2位・脳血管性疾患（脳卒中など）」「3位・高齢による衰弱」という結果になりました。平成28年から、とうとう認知症が1位になったのです。

認知症の中で最も有名なアルツハイマー型認知症を引き起こす原因物質は、認知症を発症する20年前からすでに脳内に溜《た》まりはじめているそうです。しかし、多くの人

はその事実を知らないで、「単なる老い」として見すごしてしまいます。

自分の家族が忘れっぽくなったり、同じことを何回も言ったりしても、「年を取ったのだから仕方がない」と考え、病院に行こうとしないのです。

この章では、認知症介護がはじまってからも進行を食い止めるべく、「単なる老い」として見すごさないために、できることを紹介します。

認知症予備軍「MCI」とは？

MCI（Mild cognitive Impairment）を知っていますか？　軽度認知障害と呼ばれていて、簡単に言うと認知症予備軍のことです。2013年に厚労省が発表したデータでは、認知症は462万人、MCIは400万人いると言われています。

認知症とMCIには、大きくふたつの違いがあります。

ひとつ目は、根治するかどうかの違いです。認知症は一度発症してしまったら、基本的には根治しません。しかし、**もしMCIの段階で病気を見つけることができたな**

ら、正常な状態に戻る可能性もあり、認知症の発症時期を遅らせることが可能なのです。国立長寿医療研究センターがＭＣＩの方を４年間追跡調査したところ、14％は認知症になったものの、46％は正常に戻ったというデータもあります。

ふたつ目は症状の違いです。「もの忘れが増えたなぁ」という自覚がないのが認知症で、自覚があるのがＭＣＩと言われています。また、自立した生活をひとりで送ることができるかどうかも、判断材料になります。

今思えば、認知症のわたしの母にも、確実にＭＣＩの時期がありました。同じことを何度も言うようになっていましたし、約束を忘れることもありました。しかし、その**「大事な時期」を、わたしは年相応のもの忘れと決めつけ、何も手を打たなかったので、母は認知症になってしまいました。**

みなさんの家族が外出の準備に手間取ったり、なかなか言葉が出てこなかったりしたとき、年相応のもの忘れと決めつけずに、まずはＭＣＩを疑ってみるべきです。とくに、家族と離れた場所で生活している場合、正月とお盆しか会わないという方もいます。その間に、認知症が発症してしまう可能性もあります。まずはＭＣＩという、認知症予備軍の段階があることを覚えておいてください。

MCIを判別するふたつの検査方法

このMCIを正確に判別するための、ふたつの検査を紹介します。ただし、MCIの検査方法を紹介する前に、越えなければならない大きな壁があります。それは、MCIと疑わしい家族を病院へ連れて行くことです。「最近、ボケてきたから、病院へ行こうよ」などと言おうものなら、「うるさい、まだボケとらんわ！」と、大ゲンカになることは必然です。家族のプライドを傷つけずに、検査を受けてもらう方法をあわせてご提案します。

ひとつは、株式会社ミレニアが提供している「あたまの健康チェック」という、電話でテストが受けられる方法です。オペレーターと10分間話をして、MCIかどうかを判別します。97・3％の判別率で、お値段も3500円（税別）です。

50代、60代の方は、ご自身が忘れっぽいと感じたら、オンライン上で「あたまの健康チェック」をやってみることをおすすめします。70代、80代になると、パソコンの操作は難しいかもしれません。そういった方はカードを購入し、電話でテストを受けるといいと思います。

カードを購入するメリットはもうひとつあって、誕生日、父の日、母の日、敬老の日、結婚記念日などに、プレゼントとして渡せることです。「お父さん、元気で長生きしてくださいね。はい、プレゼント」と言いながら、うまくテストを受けてもらうようにすれば、親も悪い気はしません。あるいは孫を利用して、「おじいちゃん、いつもありがとう」と言って、カードをプレゼントしてもいいかもしれません。娘や息子に「病院へ行こう」とストレートに言われるよりも、スムーズにテストを受けてくれると思います。

ポイントは、**誰の言うことならすんなり受け入れてくれるのかを考えて、人選することです**。医師など権威のある人の言うことには従いやすい、という人間の特性を使ってもいいかもしれません。

ふたつ目は、病院へ連れて行くことが可能なら、ＭＣＩスクリーニング検査や、もの忘れドックを受けてもらうというものです。ＭＣＩスクリーニング検査は、血液検査で血液を7cc採取し、MCIの可能性が4段階で判定されます。詳しくは「MCBI」(https://mcbi.co.jp/)というサイトに載っており、サイト内に医療機関リストもあるので、検査可能な病院を探してみるといいと思います
保険適用外のため、検査費用は2万円以上かかるところもあるようなので、お近くの医療機関に問い合わせてみてください。

NHKで紹介された、わたしが母を認知症の検査に連れて行った方法

NHKの情報番組「あさイチ」で、わたしが母を病院へ連れて行った方法が紹介されました。

母は息子のわたしを信頼しているので、それを利用して「盛岡市の無料健康診断がある」と言って、もの忘れ外来へ連れ出すことに成功しました。もちろん、健康診断などないのですが、病院にも事前に健康診断のつもりで連れて行くことを伝えておきました。

もの忘れ外来の待合室でも、「今日は健康診断だから、混んでいるね」と母に嘘を

つき、順番が来てからも、身長、体重、血圧などを測りました。なんとなく健康診断っぽいことをしているうちに、気づけば医師の前にいて、認知症の診断がはじまっているという自然な流れを病院側が整えてくれました。その結果、母は認知症だということが確定しました。

どうしても病院へ連れて行けない場合は、第1章で紹介した在宅医療を行なっている認知症専門医を探してみるといいと思います。**病院へ連れて行くのではなく、医師を家に連れて来るという逆の発想**です。

在宅医療の認知症専門医に聞いた話なのですが、白衣を着て訪問すると、いかにも医師が来たということで家に入れないケースもあるので、私服で訪問することもあるそうです。また、いきなり診察をはじめると怪しまれるので、世間話をし、お茶を飲んだりしながら、自然と診察をはじめるケースもあるそうです。

MCIの治し方

ＭＣＩと診断されたとしても、落ち込むことはありません。むしろ、「認知症の発症を食い止めたり、遅らせたりすることができる。間に合った」と考えたほうがいいです。

ＭＣＩの治療は、病院によってかなり違いがあります。いわゆる脳トレーニング（脳トレ）を行なう病院、有酸素運動や食事指導を行なう病院もあります。

国立長寿医療研究センターが開発した「コグニサイズ」は、運動と認知課題（計算、しりとりなど）を組み合わせた、認知症予防を目的としたものです。ＭＣＩの段階でコグニサイズを実施することで、認知機能の低下を抑制できることもわかっています。コグニサイズを実施している介護施設や大学は全国にあるので、ネットで「コグニサイズ促進協力施設」で検索してみてください。

認知症で使われている薬をＭＣＩでも使う病院もあるようですが、その効果はまだ実証されていないようなので、安易に「薬さえ飲めば治る」とは考えないほうがいいかもしれません。

ＭＣＩの段階で異変に気づけば、認知症介護をする必要もありませんし、家族も元気で健康に暮らしていくことができます。「年相応のもの忘れ」と放置しないで、少しでも異変に気づいたら、ＭＣＩの検査を受けてください。

図3　MCIの具体的な症状

1. 「昔から知っている物の名前が出てきにくい」
（「あれ」「それ」などの代名詞を使って話すことが増える）

2. 「最近の出来事を忘れることがある」
（みんなで経験した出来事をひとりだけ忘れていることがある）

3. 「積極性が低下する」
（好きな習い事に行くのを嫌がる、理由をつけて休もうとする）

4. 「雑談ができにくくなった」
（話についていけないことがある）

5. 「約束を忘れる」
（集合の日時を間違えることがある）

6. 「料理に時間がかかるようになる」
（物事の段取りが悪くなってくる）

※出典：こうのす認知症あんしんガイドブック（埼玉県鴻巣市）

マンガで読む！ じっくりポイント【MCIと認知症の違いとは？】

日常生活に現れる認知症のサインと自分の介護疲れをテストする方法

ざっくりポイント

・「介護が大変」と言っても、どのくらいなのかまでは言葉だけではわからない
・自分の介護疲労度を、「Zarit（ザリット）」を使って数値で把握してみよう

家族が意識したい7つのサイン

ＭＣＩの段階で食い止められなかった場合、認知症を発症していることも考えられます。

認知症になると、日常生活にちょっとした異変が現れます。わたしに対するマスコミの取材やコラムの執筆依頼で最も多いテーマが、この「認知症のサイン」です。な

ぜ、介護家族のわたしに依頼があるのかというと、おそらく**日常生活での異変は、医師や介護職よりも家族のほうが気づきやすい**からです。

「同じことを何回も言う」「よくものをなくすようになった」といった、よくある認知症のサインではなく、あくまで日常生活から見つける7つのサインを紹介します。

①「家の隠れたところ」に認知症の気配が現れる

実家に帰ったら、目に見えるところだけではなく、トイレ、お風呂場、台所、食器棚、冷蔵庫、小屋などもチェックしてみてください。

わが家の場合は、食器棚に認知症のサインが現れました。整理整頓が得意な母だったのですが、食器や箸を置く場所が安定していなかったのです。食器の洗い方も雑になり、納豆のネバネバがついたままの食器や、油汚れのついたフライパンを棚に戻していました。

他にも、押し入れの奥から、賞味期限が3年すぎた生菓子が出てきましたし、洋服タンスからリンゴが見つかったこともあります。

見える範囲だけでなく、家の隠れたところもチェックしてみると、思いもよらぬ認知症のサインが見つかることもあります。

②お金の流れに乱れがある

家族の預金通帳を見せてもらうこと自体、ハードルが高いことだと思いますが、もしチェックできるなら、認知症を見つけるサインになるかもしれません。たとえば、しばらく記帳がされていない場合、通帳のありかを忘れていることも考えられます。また、お金をおろした形跡がしばらくない場合、ＡＴＭの暗証番号を忘れている可能性もあります。

水道料金や電気代といった、公共料金もチェックしてみてください。ある月から急に金額が増えている場合、水の出しっぱなし、電気のつけっぱなしの可能性もあります。公共料金に関しては、通帳ではなく、料金の通知ハガキでも確認できます。

大金をおろしている場合、訪問販売で何か高額なものを購入していることも考えられます。**お金の流れに乱れがあるとき、それは認知症のサインかもしれません。**

③最近見ているドラマは何かを聞く

認知症が進行すると、テレビドラマの前回までの話がわからくなくなります。

母にも、ある異変がありました。俳優・内藤剛志さんのファンで、彼の出演するドラマをチェックしていたのに、あるときから「急に興味がなくなった」といって、見なくなりました。今思えば、認知症のサインだったかもしれないと思えるのですが、当時は年相応の老いとして、わたしは気にも留めませんでした。

今どんなテレビドラマを見ているのか、録画した番組はきちんと消化できているかなど、確認してみてください。趣味嗜好が変わったり、興味がなくなったりしていたら、認知症のサインかもしれません。

④年賀状、暑中見舞いを出さなくなる

年賀状も暑中見舞いも年1回、決まった季節に送るものです。この年賀状や暑中見舞いに、認知症のサインが現れることがあります。

まず、住所録がどこにあるのか思い出せない。そして、1年前に年賀状や暑中見舞いを出した人が誰か、思い出せない。昨年の年賀状、暑中見舞いがどこにあるかもわからない。何枚ハガキを購入したらいいかも、判断できない。今が正月なのか、夏な

のか、季節がわからないなんてこともあります。

年に1回のイベントを普通にこなすには、これだけのハードルがあります。しかし、認知症になってしまうと、これらのハードルを越えられません。筆まめだった人が、急に年賀状を書かなくなった場合、それは認知症のサインかもしれません。

⑤お年玉を誰にいくら渡すかわからなくなる

お年玉を渡すという行為も、クリアしなければならないことがたくさんあります。まず、誰にお年玉をあげないといけないのかを理解しているか、そして、渡す相手が小学生なのか、高校生なのかを理解しているかどうかに注目します。母は、自分の孫が中学生なのか、大学生なのかを理解していないので、お年玉の相場がわかりません。

また、お年玉でなくても、久しぶりに帰省した孫に、いつもならお金をあげるのに忘れる、急に大金を渡すなど、そういった変化も認知症のサインかもしれません。

⑥部屋のカレンダーをチェックする

家にあるカレンダーにも、認知症のサインが現れます。今が11月なのに、カレンダーが7月のままなら、普通は気になってカレンダーをめくるはずです。ところが、認知症になると時間の感覚がなくなり、今が何月なのかわからなくなるので、カレンダーの月が間違っていても、さほど気にならないのです。

部屋ごとにカレンダーを飾っているご家庭も多いと思うので、部屋のカレンダーをチェックして、正しい月になっていなかったら、少し疑ってみる必要があります。正しい年月に1度セットしておいて、数か月後にカレンダーがどうなっているか、再びチェックしてみるのもいいかもしれません。

⑦お財布の小銭をチェックする

認知症の人の財布の中身をチェックすると、小銭が貯まっていることがよくあります。母の財布もいつも小銭だらけなので、わたしが帰省した際に必ず両替するようにしています。**認知症になると、お金の計算ができなくなるから小銭が貯まると思われがちですが、とくに軽度の認知症の方は、計算はできる人もいます。**

計算ができるのに、なぜ小銭が貯まるのかというと、スーパーのレジで次のお客さんを待たせてしまうというプレッシャーもあって、瞬時にはお金の計算ができずに、お札で支払ってしまうからなのです。イギリスでは、支払いに時間がかかっても大丈夫なレジ「スローレーン」があり、認知症の人が活用しているという事例もあります。お財布の小銭が貯まっているかどうか、チェックしてみてください。

他にも、飼っているペットの体重の増減で、認知症に気づいたという人もいます。認知症の人が餌をあげすぎたり、逆にあげなかったりすることが原因です。

「Zarit（ザリット）」で自分の認知症介護疲労度をテストする

認知症介護をしていると、精神的にも肉体的にも疲労が蓄積していきます。「認知症介護に疲れた、もうダメだ……」という介護者はたくさんいますが、その介護者がどのくらい疲れているのかは、言葉だけでは判断できません。そういった介護の負担を点数で評価する方法として有名なのが、アメリカで開発された「Zarit」です。この評価法が日本語に訳されていて、わたしはこのテストを自分自身の疲れ具合をチェックするために、利用しています（図4）。

22の質問に対して、どのくらいの頻度でそういった気持ちになるかを、0～4点までの5段階で評価します。最低点は0点、最高点は88点で、点数が高いほど介護の負担は大きいということになります。各質問にある「患者さん」を「家族」に置き換え、定期的に自己採点してみるといいでしょう。介護がつらい、しんどいという感覚がハッキリ点数化され、自分を客観視することができます。

わたしは半年おきにテストしていますが、20点を超えたことがなく、介護の負担は大きくないことが数値化されます。テストの合計点数よりも、その項目の点数の増減で、半年前より介護を負担に感じているのか、軽くなったと思うのかを判断しています。点数が増えている場合、なぜ介護の負担が大きくなってしまったのか、過去の回答と照らし合わせながら、ご自身の介護を思い出してみてください。

「介護がしんどいなぁ」という感情や、自ら発する言葉に、自分の体や心が大きく影響を受けることがあります。**どう介護がしんどいのか、どんな思いが自分を苦しめているのか、テストを使って、隠れている自分の思いを見つけてください。**

そして、低い点数になるような介護に少しずつ変えていくことで、ムリなくできる介護のカタチが見えてくるような気がします。

図4　Zarit介護負担尺度（日本語版）

各質問について、あなたの気持ちに最も当てはまると思う番号を○で囲んでください。

	思わない	たまに	時々	よく	いつも
1　患者さんは、必要以上に世話を求めてくると思いますか。	0	1	2	3	4
2　介護のために自分の時間が十分にとれないと思いますか。	0	1	2	3	4
3　介護のほかに、家事や仕事などもこなしていかなければならず「ストレスだな」と思うことがありますか。	0	1	2	3	4
4　患者さんの行動に対し、困ってしまうと思うことがありますか。	0	1	2	3	4
5　患者さんのそばにいると腹が立つことがありますか。	0	1	2	3	4
6　介護があるので家族や友人とつき合いづらくなっていると思いますか。	0	1	2	3	4
7　患者さんが将来どうなるのか不安になることがありますか。	0	1	2	3	4
8　患者さんがあなたに頼っていると思いますか。	0	1	2	3	4
9　患者さんのそばにいると、気が休まらないと思いますか。	0	1	2	3	4
10　介護のために、体調を崩したと思ったことがありますか。	0	1	2	3	4
11　介護があるので自分のプライバシーを保つことができないと思いますか。	0	1	2	3	4
12　介護があるので自分の社会参加の機会が減ったと思うことがありますか。	0	1	2	3	4
13　患者さんが家にいるので、友だちを自宅に呼びたくても呼べないと思ったことがありますか。	0	1	2	3	4
14　患者さんは「あなただけが頼り」というふうに見えますか。	0	1	2	3	4
15　今の暮らしを考えれば、介護にかける金銭的な余裕はないと思うことがありますか。	0	1	2	3	4
16　介護にこれ以上の時間はさけないと思うことがありますか。	0	1	2	3	4
17　介護がはじまって以来、自分の思い通りの生活ができなくなったと思うことがありますか。	0	1	2	3	4
18　介護を誰かに任せてしまいたいと思うことがありますか。	0	1	2	3	4
19　患者さんに対して、どうしていいかわからないと思うことがありますか。	0	1	2	3	4
20　自分は今以上にもっとがんばって介護するべきだと思うことがありますか。	0	1	2	3	4
21　本当は自分はもっとうまく介護できるのになあと思うことがありますか。	0	1	2	3	4
	まったく負担ではない	多少	世間並	かなり	非常に大きい
22　全体を通してみると、介護をするということはどれくらい自分の負担になっていると思いますか。	0	1	2	3	4

マンガで読む！じっくりポイント【認知症のサインに気づこう】

認知症の人の「声なき声」をどれだけ拾えるか

ざっくり
ポイント

・認知症の人は、タイミングよく自分の痛みや苦しみを訴えられないことがある
・老いを察してあげることで、認知症の悪化を防ぐことができる
・とくに白内障、緑内障、入れ歯、聴力、足の爪に注目する

「老い」を理解するために

家族や医療・介護職の方がそばにいるときに、認知症の人が自分の体の異変に対して「痛い」「かゆい」「苦しい」とタイミングよく訴えてくれれば、何の問題もありません。しかし、**認知症の人は、そのことを忘れてしまって訴えないということがあります。**

わたしが母と一緒に生活する時間は、1回の帰省でだいたい1週間。その間に指を切った、目がぼやけるなど、自身の違和感を訴えてくれればいいのですが、わた

しに訴えないことがありました。それからというもの、母の声なき声をどうやって拾ったらいいかを考えるようになりました。

また、母の老いを察する力、いわゆる「老察力」も大切だということがわかりました。ここでは、母の老いを理解していなかったために、あわててしまった4つのエピソードを紹介します。

老いに気づいた4つのエピソード

ひとつ目は、80代以上のほぼ100%がなると言われている「白内障」です。白内障の原因で最も多いのが、加齢による加齢性白内障というものです。症状としては、かすんで見える、まぶしくなる、明るいところで見えにくい、二重・三重に見えるといったものがあります。白内障は痛みや充血がないのも特徴です。母は、「視線と一緒に糸くずのようなものが見える」と自分で訴えたので眼科で白内障が見つかりましたが、何も訴えなかったら、そのまま放置していたと思います。

母を白内障で眼科に連れて行った際に、緑内障も見つかりました。70代で10人に1

人、80代で7人から8人に1人がなると言われるこの病気は、日本人の失明の原因の第1位です。加齢によって、患者数も増えていくそうです。

緑内障は自覚症状がないというやっかいな病気で、気づいた頃には相当進行していることもあるそうです。「なんとなく違和感はあったけど、突然視力を失った」と、実際に失明した方から聞きました。

視野が狭くなってしまうことで、転倒や骨折のリスクが高まります。**急に活動的でなくなった場合、認知症が原因ではなく、ひょっとしたら目が見えないから、やる気が起きないのかもしれません。**人が得る情報の8割は視覚と言われているので、目はとくに大切です。

ふたつ目は「入れ歯」です。母はきちんと入れ歯を磨いていると思っていたのですが、ある日、歯の詰め物が取れたので歯医者に行くと「口腔《こうこく》カンジダ」が見つかったのです。ピンク色の上あごが、カビで真っ白になっていました。調べてみると、この口腔カンジダが原因で、誤嚥性《ごえんせい》肺炎を引き起こす可能性があることがわかりました。

誤嚥性肺炎とは、水や食べ物などと混じって細菌が気管や肺に入り、細菌が繁殖して肺炎を起こすことです。最悪、死を招く病気でもあるので、注意が必要なのです。

お口のケアのことを「口腔ケア」と言いますが、入れ歯のメンテナンスがきちんとできていなかっただけなのに、死の可能性があることを知ってゾッとしました。

この事件があってから、わたしが帰省したときは、母の入れ歯を入れ歯専用の歯ブラシでよく磨き、市販の練り歯磨き粉ではなく、入れ歯洗浄剤で必ず除菌をするようにしました。母が通うデイサービスでは、泡で磨くタイプの入れ歯洗浄剤で口腔ケアを実施しています。

3つ目は「聴力」です。テレビの音量が年々大きくなっていることが気になり、耳鼻科で聴力検査をしてもらおうと思っていました。しかし、病院に行くとなると、「何で耳鼻科に行かなきゃならないの」と言われてしまいます。補聴器屋に行くときも、やはり同じ反応になると思います。たまたま行ったメガネスーパーで、聴力検査もできることを知り、メガネ選びのついでに受けてもらいました。結果は、軽度の老人性難聴で、生活に不便は感じないレベルでした。

目と同じく、難聴は認知症の危険因子のひとつと言われています。耳から情報が入ってこないことで、会話自体をあきらめ、それが認知症を悪化させている可能性もあります。

４つ目は「足の爪」です。母の足は難病で変形しているため、タコができます。そのため、訪問フットケアを利用しているのですが、そこで知ったのが、高齢者の足の爪の大切さです。足腰が動かず、握力や視力の低下で、足の爪切りが難しい高齢者が多くいます。巻き爪などで歩くことをやめたり、活動量が減ったりして、認知症の症状が改善しない人もいます。

認知症になると、こういった老いによる変化を家族に伝えなくなることもあります。家族は老察力を磨いたり、日々の生活の中にある変化を見極めたりすることで、認知症の悪化を防ぐことができるのだと思います。

認知症と体の不具合は深く関係しています
ひとつは「目」
ぼやける
モヤが飛ぶ…
視界が欠ける…
TV
外出
白内障や緑内障で眼から得られる情報が減り脳への刺激が減ったり、やる気がなくなったりします
ふたつ目は「口腔ケア」
うわっ口の中がカビでまっ白！
わぁー大変だー
正しい歯みがきや入れ歯の清掃をしないと誤えん性肺炎を引き起こすこともあります
3つ目は「聴力」
聞こえない…
××ニュース
45
ピッピッ
母さん、耳鼻科へ行こうよ
はあ？えっ？何？
もういいよ
こっちが難聴になる〜
難聴になると会話自体をあきらめてしまうので認知症を悪化させてしまいます
「老察力」は家族が老いを察する力のこと
視力
聴力
口の健康
を
保って脳を元気に！
眼・口・耳の検査を受けましょう

すべてがダメになる……認知症の薬の現実

ざっくりポイント

・医師たちが認知症の誤診や薬の処方ミスについて、他の医師を指摘している
・認知症の薬を飲む前と飲んだ後の違いを、家族は注意深く見守る
・介護職の方でも、認知症の薬については詳しくないことが多い

ほどよく疑う認知症の治療と薬

認知症の人を病院へ連れて行って、薬さえ処方してもらえれば、認知症の進行は食い止められると考える方は多いと思います。しかし、医師の誤診や認知症の薬による副作用の話はあとを絶たず、医師の出版した本のタイトルも、『誤診だらけの認知症』（幻冬舎）、『認知症の薬をやめると認知症がよくなる人がいるって本当ですか?』（現代書林）など、医師自らが誤診や薬の処方ミスを指摘しています。

また、YouTubeでわたしがMCを務める番組『認知症なんでもTV』で対談させていただいた、兵庫県尼崎市にある長尾クリニック院長の長尾和宏先生も、番組内で同じ指摘をされていますし、介護家族の声もブログに寄せられています。

大前提として、認知症の薬をすべて否定しているわけではありません。種類や量を間違わなければ、もちろん効果が出ることもあります。しかし、医師が何でもアルツハイマー型認知症と診断してしまう誤診や、それぞれの認知症の人に合った薬の適量処方がされていない現実があります。

わたしが講演会や著書で繰り返し訴えているのは、介護家族は認知症の治療や薬について信頼しすぎず、少し疑いの目を持ちながら、医師や薬と接する必要がある、ということです。認知症の疑いがあり、何もわからないまま、なんとなく近所にあるもの忘れ外来に駆け込み、医師の診断と薬を信じ、認知症の薬を飲み続けることは、ごく当たり前のことだと思います。しかし、そのことによって苦しんでいる家族がいるのです。**介護家族ができる防御策は、薬を飲む前と飲んだ後の症状の違いを把握しておくことです。**病院からもらった薬を疑いながら飲んだ経験は、おそらく普通はないはずです。しかし、認知症の薬ではそういった視点も必要だということです。

介護カフェでも、認知症の薬の話はよく話題になります。介護家族の実体験は衝撃的であり、同じような犠牲者を出したくないという思いも、みなさんあるようです。これらは勉強している介護家族の間では有名な話ですが、これから介護がはじまるかもしれない人からすれば、かなり驚く話だと思います。

介護のプロは非薬物療法で何とかしようとする

介護職の方は、介護の技術はもちろんのこと、コミュニケーション能力も高い方が多いです。しかし、そういった技術に長けていても、認知症の薬に関しての知識まではない、という方も割と多い印象があります。

薬を使って認知症の治療をすることを「薬物療法」と言います。それに、薬を使わない治療、たとえば認知症の人の最近の出来事は覚えていなくても、昔のことはよく覚えている性質を利用して、昔の経験や思い出を語ってもらう回想法などを使うことを「非薬物療法」と言います。わたしが知る限り、介護職の方は非薬物療法を主体として、認知症の人の症状を改善しようとする傾向にあります。薬物療法では、認知症の薬が合わないにもかかわらず、認知症の人が興奮したり、暴力的になっていたりするのに、その原因を薬だと判断できない場合も、実は多く存在します。

そのような点からも、認知症介護は、医療と介護の両輪がきちんとしていないと、前には進めません。せっかく介護職の方の接し方がすばらしく、車輪が前に進んでいるのに、薬の処方が間違えているために車輪が逆回転して、ちっとも前に進まないこともあります。それどころか、逆回転のほうが強すぎて、介護環境が悪化していくこともよくあり、介護する人がストレスを抱える原因にもなっています。

とくに問題視されるのが、「増量規定」です。これは、薬を決められた期間で、決められた量まで増やすという規定のことを言います。**薬の量がどんどん増えて、それによって怒りっぽくなったり、歩けなくなったり、眠れなくなったりといった症状が現れた場合、すぐに医師に相談してください。**またはセカンドオピニオンの利用を検討してください。

認知症の薬に関する詳細まで覚える必要はありませんが、もし認知症の薬を飲み、量が増えて、症状が悪化した場合は、処方されている薬を疑うだけでも、認知症介護はだいぶ違うものになると思います。

マンガで読む！じっくりポイント【認知症の薬の現実】

認知症の人の財産を使って介護がしたいのに、できないという現実

ざっくりポイント

・家族が認知症になり、あわてて銀行口座からお金を引き出そうとしてもできない
・「成年後見制度」を銀行からすすめられるが、多くのデメリットがある
・「家族信託」という方法を、家族の判断能力があるうちから検討する

成年後見制度とは?

第1章に書いた通り、まず家族が元気なうちに財産状況を把握しておくことをおすすめしています。しかし、多くの人が何も準備をしていません。家族が認知症になって、あわてて銀行に相談に行きます。銀行で「家族が認知症になった」と告げると、「家庭裁判所で『成年後見制度』の申し立てを行なって、代わりに正常な判断ができる人

を決めてください」と言われます。

最高裁判所の資料によると、成年後見制度を使う動機のダントツ1位が「預貯金などの管理・解約」です。**認知症の介護費用を捻出したいけれど、銀行口座が凍結してしまって手出しができないから、この制度を利用する**という流れです。

わたしは、認知症の祖母が子宮頸がんで余命半年と宣告されたとき、まず数百万円のがんの手術代や入院費用がかかるものと覚悟しました。実際は、病気やケガで医療費が高額になった場合は、高額療養費制度の利用で、自己負担限度額内の金額で済みます。年齢や所得状況によって金額が変わるので、必ず役所や病院の相談窓口で相談してください。祖母の病院代は、月5万円程度で済みました。

それでも、介護離職した直後のわたしが、祖母の病院代を立て替え続けることは難しいので、祖母のお金を使うために、「成年後見制度」を利用することになりました。家庭裁判所に行って、孫のわたしが祖母の代理を務める「成年後見人」になるという希望を出して、2か月後には選任されました。

選任される前は、祖母の口座があるかどうかは、銀行は一切教えてくれなかったのですが、選任後は調べる権限が与えられました。口座がどの銀行にあるかわからない状態だったので、1か月かけて実家の近所の3つの銀行を調べ、口座を見つけたのです。最終的に、祖母の口座のすべてのお金が使えるようになるまで、5か月ほどかかりました。

成年後見制度を使うことになる前に「家族信託」の検討を

この成年後見制度の手続きは、とても煩雑です。わたしは時間があったので、家庭裁判所への申し立てはすべて自分で行なったのですが、弁護士や司法書士にお願いする場合、約20万円の費用がかかる場合もあります。

最近の流れとして、わたしのように家族が後見人に選任されることが減り、弁護士や司法書士、行政書士などの専門職が家庭裁判所によって選任されます。そうなると、毎月2万円から3万円の報酬を、専門職に支払う必要があります。この支払いは、認知症の家族が亡くなるまで続くので、出費はどんどん積み重なっていくことになります。また、後見人は指定できないので、ある日を境に、会ったこともない専門職にお金を払わないといけなくなります。仮に80歳の女性が認知症になり、この制度を平均余命である12年利用したら、月3万円を支払う場合、432万円の出費になります。

成年後見制度のデメリットを解消すべく、**最近注目を集めているのが「家族信託」という方法です。**財産の持ち主は親のままに、受託者として長男など、家族を任命し、財産を管理することができます。成年後見制度のように裁判所の管理下に置かれることもありませんし、専門職への多額の支払いも発生しません。

ポイントとしては、家族の判断能力があるうちに、この信託契約を締結することです。軽度の認知症であっても、判断できる状態であれば、家族信託を締結することもできます。わたしの祖母のときのように判断能力がない場合は、成年後見制度を利用しないといけませんが、認知症になる予兆を、家族なら感じることができるかもしれません。

現時点ではまだ、「家族信託」に対応できる司法書士、行政書士はあまり多くないので、扱った経験や件数を確認しながら、探してみることをおすすめします。

介護費用…母さんの預金でなんとかなるか…
認知症の人の財産で介護費用をまかなうには…
○○銀行
ご本人の判断がない場合は、引き出せません
えーっ
「成年後見制度」があります
……が、手続きが煩雑で時間がかかります
家庭裁判所
成年後見制度申立
手続
手続
手続
手続
2か月もかかる…
弁護士、司法書士などの専門職に依頼すると…
申立費用として○○万円いただきます
ちょっとお高いのでは？
しかも最近は家族以外の専門職が選任されることが多いとか…
家庭裁判所
専門職を後見人に
泣きっ面にハチだ〜
そ…そんなー
毎月定額報酬を支払えって?!
月に2〜3万円
認知症の方が亡くなるまでず〜っとね
そうなるとまた費用がかさみます
そのようなデメリットがないのが「家族信託」
家族の判断力があれば信託契約を結べます
私の財産を管理して！
親
親族
専門職に対して多額の報酬を支払う必要もありません
判断能力があるうちにぜひ検討してください

「ものとられ妄想」は複数買いで対応する

ざっくりポイント

・認知症の人は身の回りのものをいろいろなところに置いたり、しまい込んだりする
・同じものを複数買っておけば、ものを探す時間の大幅短縮になる

身近な介護者が泥棒扱いされてしまう

認知症の人が、自分でしまったはずの財布や貴重品などの置き場所を忘れてしまい、身近な介護者を泥棒扱いすることを、「ものとられ妄想」と言います。わが家では、ほぼ毎日、もの探しをしています。母と外出する前には眼鏡がない、財布がない、バッグがないと大さわぎするので、母には出発する時間をかなり余裕もって伝えるようにしています。そのおかげで、多少出発前にトラブルがあったとしても、あわてること

はありません。

わたしの著書『医者には書けない！　認知症介護を後悔しないための54の心得』（廣済堂出版）で紹介した、「ものとられ妄想」の対処法は、**キーファインダーという商品を使って対処する**というものです。キーファインダーは、何色かの受信機と送信機リモコンに分かれています。青の受信機を母がいつも持ち歩く巾着袋につけ、お財布には赤の受信機をつけています。

「あれ、わたしのお財布がない。たんちゃん（わたしの義弟）が持って行ったんだわ」

母が財布の置き場所を忘れ、義弟のせいにしているこの言動がものとられ妄想なのですが、一番身近な家族が泥棒扱いされることが多く、ケンカの原因になります（わが家は義弟が犠牲者になるため、そんなにケンカにはならないのですが）。

お財布がないと母がさわぐときは、わたしは送信機リモコンの「赤」を押します。すると「ピピピピ」と音で反応して、財布のありかを教えてくれます。こたつの中や押し入れ、仏壇の下など、いろいろなところから財布は見つかります。きっとお金は大事で、盗られるとまずいから、隠して保管しておこうという母の気持ちの表れだと思っています。

このキーファインダーを、認知症のものとられ妄想対策に使ったのは、おそらくわたしが日本で最初だと勝手に思っています。最近では、Amazonでこの商品のキャッチコピーに「認知症対策」と書いてあることもあり、だいぶ浸透してきたようです。

様々なものを複数買いしておこう

そんなわたしが最近、**ものとられ妄想対策としてやっているのが「複数買い」です。**

母は簡単な裁縫《さいほう》ができるので、糸を切るためにハサミを使います。台所では、認知症のお薬の袋を切るためにハサミを使い、居間ではチラシを切ってメモ用紙にする習慣があるので、ハサミを使います。そのため、自分がどこでハサミを使ったのか、どこにしまったのか、わからなくなります。

キーファインダーをつけようかとも思ったのですが、重要なものにしか取りつけたくありません。そこで、ハサミをなくすたびに、新しいハサミを購入していったのです。最初は1本でしたが、今では4本もあります。それだけの本数になると、母はどこかで必ずハサミを見つけるので、ものとられ妄想の症状が出る回数も減りました。

ちなみに、複数買いはハサミだけではありません。メガネ拭き、メイク用スポンジなど、ものとられ妄想の症状が出る場合、面倒なので100円ショップでたくさん買うようにしています。

認知症の症状のひとつ
「ものとられ妄想」
？
サイフは？
サイフがない
盗まれたかも…
そんなはずは…
身のまわりの物をいろいろなところへ置いたり、しまい込んで忘れてしまう
そのたびに大さわぎ、
あなた、サイフを盗ったでしょ！
はやく返しなさい！
違うよー
またですかお義母さんひどい！
私は盗んでいません
「盗った、盗らない」の大ゲンカになることも…
そんなときに有効なのが「キーファインダー」
大事なものに受信機を装着
サイフがない
と、さわぎ出したら
ピッ
送信リモコンを「ピッ」で解決！
あっ、あった！
ピピー
そしてもうひとつの対策が「複数買い」
よく使うものをよく目につきやすいところに置いておけば、本人も家族もストレスが減りますよ
ホッ

第3章

プロにまかせてよかった！

——1人で背負い込みすぎずに楽になるサービスの数々

「施設介護か」「在宅介護か」で悩んだら

ざっくりポイント

・本人の意思、お金、どれだけ介護にかかわれるかの３つで考える
・初心者の施設選びは危険。じっくり時間をかけて、施設を検討する
・施設も在宅も、家族と介護される人のほどよい距離感が大切

「施設か」「在宅か」を判断するための３つの材料

家族を介護施設に預けるか、在宅で介護するかは、大きな悩みどころだと思います。

内閣府が発表している「高齢者の健康に関する意識調査（平成24年）」によると、「日常生活を送る上で介護が必要になった場合に、どこで介護を受けたいか」という質問に対し、60歳以上で「自宅で介護してほしい」と答えた人が男性で42・2％、女性30・2％となっています。わたしはこの結果を見て、**意外と介護施設や病院での介護**

を希望している人が多いと思いました。

「認知症になった場合は、どこで介護を受けたいか」という問いに関しては、「自立した生活ができるうちは、家にいたい」と考える人が49・3％と最も多く、「家族のことがわからなくなったら施設に入りたい」が42・3％となり、在宅と施設が逆転する結果となっています。

　このように、介護を施設にお願いするか、自宅で行なうかは、病気の種類や状態、個人の意思によって分かれるのです（ただし、これは家族の希望ではなく、介護を受ける側の意思の話です）。

　介護する家族の意思はまた別にあるのですが、わたしは、**在宅介護か施設介護かを選択するために一番大切なものは、介護を受ける「本人の意思」**だと思っています。最期まで住み慣れた自宅で暮らしたいのか、子どもたちに迷惑はかけられないから施設がいいのか、認知症が進行して、家族のことがわからなくなるまでは白宅で暮らしたいのか、人それぞれです。

　本人の意思を実現するために、次に考えなければならないことは、「その介護に親族がどこまでかかわれるか」ということです。誰がメインで介護を行なうのか、まるでババ抜きのババのように、親族同士で介護の役割を押しつけ合う……これは介護家族でよくある光景です。ひとりっ子は、頼れる親族がいないから大変だという方もいますが、たくさんの親族で調整するのもかなり大変です。

世代によっては、介護施設に預けることに罪悪感を持ったり、他の親族から責められたりすることもあるのですが、そういった揉め事の対策のためにも、「本人の意思」を確認しておくことをおすすめします。育児も介護も自分の手ですべて行なうべきと考える親族もいますが、本人の意思、介護者の生活まで考えて施設を選ぶことは、決して間違いではないと思います。

さらに言えば、介護する人は、親族の中で何となく決まっています。そこには、男女の違い、長男や長女といった昔からのしきたりは存在しません。むしろ、自分が介護したくないから、男女、長男・長女という理由を持ち出すケースが多いように思います。なるべくして介護者になるという、自然の摂理みたいなものがあると思うのです。

もうひとつ、本人の意思を実現するために大切なのが「お金」です。施設を希望しても、お金がなければ実現しません。そのお金は誰が出すのか、どうやって介護費用を捻出するかまでを考えて、はじめて在宅介護か施設介護かを選択できるのです。

在宅か施設かで悩んだときは、**「本人の意思」「どれだけ介護にかかわることができるか」「お金」の3つのポイントで、冷静に話し合うことが大切です。**

わが家の選択は在宅介護でした

わたしの祖母は病院、父と母は在宅という道を選びました。先ほどの3つのポイントに沿ってお話しすると、本人の意思を確認できた父と母は希望通りでしたが、認知症が進行していた祖母は、本人の意思を確認できませんでした。

どれだけ介護にかかわれるかについては、早々に「自分主体で介護をする」と宣言したので、とくに誰も文句は言いませんでした。ホッとした親族も多いと思いますし、わたしも親族に期待することはしませんでした。期待をしてしまうと、その通りにならなかったときに腹が立つので、最初から期待しないようにしていたのです。

お金に関しては、父と母は在宅介護の道を選んだので、施設ほどお金が必要ありませんでした。祖母は毎月の病院代を払えるだけの貯金があったので、お金についても問題なくクリアできました。

3つのポイント以外で重要だったのが、主介護者であるわたしの意思でした。取材などで、「工藤さんは、お母さまを施設に入れることは考えなかったのですか？」とよく質問されます。東京と岩手の遠距離介護、認知症でひとり暮らしと言えば、ほとんどの人は施設を想像するようです。

わたしは、まず在宅介護を何年か経験したあと、自分の介護の負担が重くなったり、どうにも手に負えなくなったりしたら施設を検討する、というふたつのステップで考えています。なぜかというと、施設ならではのリスクがあると考えているからです。ある施設を選択した時点で、他の利用者さん、介護職員、施設にいる医師などが自動的に決まってしまいます。そこで相性が合わなかったとしても、わたしにはどうすることもできません。他の施設へ引っ越せばいいと思われるかもしれませんが、他の施設にも同じリスクがあります。合わなくても、仕事が忙しくて次の施設が決められない、お金もない、手間もかかるなど、結局、我慢しながらその施設を利用し続けることになります。何より、認知症の母がせっかくその施設に慣れたとしても、引っ越すことで環境がリセットされてしまい、新しい施設で混乱する可能性もあります。

介護がはじまってすぐの頃は、ケアマネジャーや病院のソーシャルワーカーが提案した施設を見に行って、その施設が綺麗だから、介護のプロのおすすめだからという安易な理由で、施設を決めてしまいがちです。

また、本などに載っている施設選びのチェックリストを見ながら探しても、短時間で施設を見極める力のない家族には、正直しっかりとした判断ができないとわたしは思います。転職活動の会社の面接と一緒で、人事の雰囲気はつかめても、その場で会社全体までは把握できない、あの感覚に似ています。転職が決まって、入社後に気づくことはいっぱいあると思いますが、施設も同じです。何より介護を受ける本人が実際に施設で生活してみないと、すべてはわかりません。

限界まで在宅介護をがんばる必要はありませんが、**ある程度、在宅介護を経験してからでも、施設の利用は遅くないと思います。**在宅介護を経験するうちに、介護者自身の知識や情報が増えますし、介護仲間や介護職との人脈も広がります。在宅介護の良し悪しを理解し、その間に築いた人脈を使って、地元の介護施設の口コミを集めてから、あわてずゆっくり施設を選ぶくらいが丁度いいと、わたしは思っています。

つかず離れずの距離感を保つ「ヤマアラシのジレンマ」を意識する

在宅介護か施設介護かを考えるときに意識してほしいのが、「ヤマアラシ（ハリネズミ）のジレンマ」です。簡単に言うと、**ほどよい距離感で介護をする**ということです。この言葉は、次のようなたとえ話からきています。

寒い日の夜、2匹のヤマアラシがいました。ヤマアラシの体には、トゲがあります。寒いので2匹は近寄ろうとするのですが、トゲが邪魔してなかなか近づけません。かと言って、離れすぎてしまうとお互いの体温を感じることができないので、寒くて凍え死んでしまいます。2匹のヤマアラシは、トゲが刺さらず、体温を感じることができる距離でいることにしました。これは、いわゆるつかず離れずの距離を見つけたというお話です。

在宅介護のデメリットは、介護する人とされる人がいつも一緒、いわばヤマアラシのトゲが刺さって痛い状態です。それに対して、施設介護のデメリットは、施設に預けたことで安心してしまって、面会すら行かない家族も一定数いるということです。これはヤマアラシ同士が離れすぎてしまって、体温すら感じられなくなっている状態です。

そのため、在宅介護をしている人は、デイサービスやショートステイなどを利用しながら、離れる時間をどうやって作るかを考えます。一方、施設を利用している人は、できるだけ面会に行ったり、介護職員とのコミュニケーションをとったりして、距離を近く保つことが大切です。

在宅介護は距離が近い分、気持ちの部分でも近づきすぎてしまい、ケンカや虐待につながることもあります。施設介護は距離がある分、気持ちも遠のいてしまうこともあります。近すぎる上の愛憎、遠すぎる上の無関心といったところだと思います。

つかず離れずの精神を、在宅介護でも、施設介護でも持ち続けることが、ムリなく介護を続けていくコツではないでしょうか？

マンガで読む！じっくりポイント【在宅、施設、どちらがいいの？】

他の介護者はどんなサービスを活用しているのか

ざっくりポイント

・介護と仕事を両立している正社員が一番利用しているサービスは「デイサービス」
・施設の種類を覚えるより、頼れる介護仲間や介護職から聞いたほうがいい

多種多様な「デイサービス」とは？

介護と仕事の両立をしようと思ったとき、施設に預けなければ不可能と考える方もいるかもしれません。しかし、「正社員の家族介護者の調査」（三菱ＵＦＪリサーチ＆コンサルティング）では、約８割が在宅介護をしていたという結果もあります。ここでは、在宅介護を実現するために、どういう介護保険サービスを利用しているかを紹介します。

介護と仕事を両立している方が利用している介護サービスで多かったのが、「デイサービス」、他には「ヘルパー」「デイケア（通所リハビリ）」「訪問リハビリ」の利用です。日中、家族を預けられるサービスをうまく活用することで、介護と仕事の両立を実現しているようです。

しかし、一番多いのは、「介護サービス自体を利用していない」ということです。これは、介護保険サービスの存在自体を知らない層がかなりいることを示しています。介護と仕事を両立するために大切で、かつわたしの母も利用しているデイサービスについて紹介します。

母は認知症でひとり暮らしなので、デイサービスの送り出しをヘルパーさんにお願いしています。送り出しとは、母がデイサービスに行くまでの準備を、ヘルパーさんがお手伝いしてくれることです。なぜ送り出しを利用しているかというと、母がデイサービスの利用を嫌がったためです。母は約1か月、仮病でデイサービスを休んだのですが、デイサービスの所長や介護職の方に相談すると、「第三者が送り出すと、デイサービスに行ってくれることもある」と教えられました。実際、利用するようになってから、母はデイサービスにきちんと行くようになりました。

ヘルパーさんに送り出しをお願いすることで、家の戸締まり、着替え、デイサービスの送迎車の乗降介助など、何かと忙しい出勤前の朝の負担が軽減されます。

わが家は朝8時45分くらいにヘルパーさんに母を迎えに来てもらい、16時すぎに家に帰ってくるというスケジュールですが、デイサービスごとに営業時間は違います。

介護と仕事を両立させるために心がけること

デイサービスでは、食事や入浴、健康状態の確認や、レクリエーションなどのメニューが提供されます。レクリエーションはデイサービスごとに特色がありますが、母はレクリエーションが嫌いでした。そこで、母は他の利用者さんとおしゃべりができればよかったので、そういうデイサービスを事前に見学して選びました。母は料理が趣味なので、料理の手伝いをしたり、デイサービスの近くのスーパーで買い物をしたりしてすごしています。

子育てを経験された方なら、仕事が忙しくて保育園に迎えに行けないときに「延長保育」を利用した経験があると思いますが、デイサービスでもこういった延長サービスを提供しているところもあります。宿泊ができるお泊まりデイサービスもあります。

とにかく、デイサービスは多種多様です。正直なところ、自分で勉強するよりも、ケアマネジャーに聞いたほうが早いです。**介護と仕事の両立を実現するために必要なのは、自分が困っていることは何でも遠慮せず相談することです。余計な遠慮が、自分自身を苦しめることになります。**仕事上のイレギュラーなケースまで含めた自分の勤務状況、介護にかかわれる時間を細かく伝え、あらゆるリスクを想定してケアマネジャーと相談してみてください。

もうひとつおすすめしたいのが、介護カフェの活用です。ケアマネジャーもすべてのデイサービスを知っているわけではありません。介護カフェで知り合った介護職やデイサービスを利用している家族から、住んでいる地域でおすすめのデイサービスを聞き出すのです。

ここでも**「何を知っているかではなく、誰を知っているか」**が重要で、家族がデイサービスの細かいところまで覚える必要はありません。デイサービスに詳しい介護仲間、介護職を知っていることで、足りない知識をカバーしたほうが早いですし、信頼度も高いです。

ケアマネジャーが、自分の所属する事業所内のデイサービスを優先的に提案してくることもあります。何より、今は家族に対して複数のデイサービスを提案しないといけない決まりになっています。

デイサービスを中心として、必要に応じて泊まることが可能なショートステイ、あるいは自宅に来てもらう訪問介護を組み合わせて、利用できる小規模多機能型居宅介護や、24時間365日、いつでも介護と看護の両方を受けられる定期巡回・随時対応型訪問介護看護など、多種多様なサービスがあります。

「介護は情報戦」とも言われます。いくら介護サービスを勉強しても、経験したことがないとはっきりとイメージできません。それよりも、頼れる介護仲間や介護職を見つけ、教えてもらったほうがムリのない介護ができますし、いいサービスを受けられる確率が高くなります。

【介護と仕事、両立の鍵は？】

介護と仕事を両立させるには？
施設に預けないと無理でしょ？
実は介護をしている正社員の8割は在宅介護をしているというデータもあります
えーっ どうやって？
その理由《わけ》は介護保険サービスを利用しているから！
こんなに多種多様なサービスがあるのか！
ヘルパー
家事の補助やデイサービスへの送り出しなど
デイケア（通所リハビリ）
デイサービス
食事、入浴や
レクリエーションが提供される
預かり延長をしてくれるところもある
訪問リハビリ
でも知識も情報もないとどこに相談すればいいの？
困ったときは私に相談してください
ケアマネジャー
それから「介護カフェ」も忘れずに！
ベテラン介護者
サービスに詳しい人から信頼度の高い情報が！
介護仲間
介護する人もされる人も大助かりの介護サービス、知らない、利用しない、なんてもったいない！
ショートステイ
訪問介護
デイサービス
定期巡回・随時対応型訪問介護・看護
介護未経験の人は経験者にどんどん聞きましょう
これで仕事と両立できそうだ

失敗しない「ケアマネジャー」の選び方

ざっくりポイント

・介護初期のケアマネ選びは、介護者の意思をうまく反映できない
・いいケアマネとの出会いで、自分の介護や人生が劇的に変わることがある
・介護職は介護保険制度という縛りの中で、仕事をしている

ケアマネに求めたい3つの条件

在宅で介護するにせよ、施設で介護するにせよ、常に家族の窓口となるのはケアマネジャー（ケアマネ）です。ケアマネ次第で介護は大きく変わるとも言われています。

ケアマネの決め方として、在宅介護の場合は包括や役所からもらったリストで、自分の家の近くにある居宅介護支援事業所をなんとなく選び、そこに所属するケアマネが担当になるという流れが多いと思います。わたしが介護をはじめたときは、祖母に

すでにケアマネがついていたので、母のケアマネもお願いしました。

介護の初期は、どの事業所にしていいかわからないままリストから選ぶので、家から近い、大きな病院に併設されている、全国展開している大手企業など、利用者や介護者の希望や意思はあまりなく、そこに所属するケアマネが自然と担当になります。

わたしは、6年で3人のケアマネにお世話になりました。3人とも性格も提案する内容も、スピード感もまったく違いました。その経験から、最初は何も見えていなかったケアマネに求める条件が、次第にわかるようになりました。**わたしがケアマネに求める3つの条件は、「フットワークの軽さ」「サービスを利用する本人や家族との相性」「その地域にある介護サービス、介護施設などの情報をたくさん持っていること」です。**

人間的な相性はすぐに感じ取れると思いますが、他のふたつに関しては、家族もある程度、介護を経験しないと判断できないかもしれません。

よく、「ケアマネに不満があったら変更してしまえばいい」と本などに書いてあります。わたしも1度だけケアマネを変更したのですが、本に書いてあるほど簡単ではありませんでした。

ケアマネの変更は、同じ居宅介護支援事業所で別のケアマネにするか、わたしのようにまったく別の居宅介護支援事業所のケアマネを選ぶ、または地域包括支援センターや役所に連絡して変更することができます。ケアマネの顔を二度と見たくないという方は包括や役所に連絡すべきですが、わたしのように6年もお世話になって、さらにいいケアマネを求めて変更するケースもあります。

今までお世話になったケアマネに対しては、つき合いの長さからくる「情」がありましたし、認知症の母もそのケアマネに慣れていたので、変更を決断するまでに数か月の時間が必要でした。それでも、父がお世話になったケアマネは3つの条件を満たしていたので、今度は母のケアマネになってもらいました（もちろん、今までお世話になったケアマネには謝罪とお礼の両方を、電話でお伝えしました）。

一般企業によく似ている介護業界

仕事で忙しい家族は、いいケアマネを探したり、デイサービスを探したりする時間はないかもしれません。それでもおすすめしたいのは、いいケアマネは探せば探すほど、動けば動いた分だけの見返りは必ずあるということです。

いいと思うケアマネが、いいと思う介護施設、いいと思うショートステイ、いいと思う福祉用具業者を、自然と呼び込んでくれます。いいケアマネを見つけるまでの労力は大変でも、いいケアマネにさえ出会えれば、驚くほどいい介護の流れができていきます。

これは、会社の仕事と似ています。ひとついい仕事をすれば、次のいいプロジェクトを任され、そこで優秀な人と出会って、さらに自分がレベルアップする……。介護もまったく同じです。介護がうまく回り出せば、自分の時間が増えます。自分に余裕ができれば、介護される人も安心して、より穏やかになります。そうやって、正のスパイラルに入っていくのだと思います。

もうひとつ、介護の仕事も、一般企業と同様に「出る杭は打たれる」ということです。たとえば、同期の企画書の出来がよく、それがほめられたとします。上司はその企画書のレベルを、他の社員にも求めるようになります。そうなると、できのいい同期に対して、「すごい！」ではなく、「面倒な仕事を増やしてくれたな……」ということになります。介護の現場でたとえれば、ある事業所に2人のケアマネがいたとして、Aさんは利用者の家族と3時間も面談してくれたのに、Bさんは30分で帰ってしまったとします。親身になって話を聞いてくれるAさんを知ってしまった以上、Aさんにケアマネをお願いしたいと思うはずです。しかし、事業所を運営する側からすれば、いくら家族への思いはあったとしても、同じレベルのサービスをすべての家族に提供してほしいと思うはずです。

介護職にも葛藤があって、家族や利用者のために尽くしてあげたくても、他の職員のために、あくまで標準レベルの仕事に徹しないといけないという側面もあります。

介護保険制度の中でサービスを提供しているわけで、その縛りは会社員以上かもしれません。

マンガで読む！ じっくりポイント【いいケアマネの選び方】

実際に利用してよかった「介護保険サービス」の数々

ざっくりポイント

・介護保険サービスは「ケアプラン」に基づき、提供される
・サービスを提供してくれる事業所と家族、利用する本人が集まって会議がある

「ケアプラン」に従って、介護サービスは提供される

わたしが東京にいても、認知症の母がひとりで生活できる一番の理由は、「介護保険サービス」を利用しているからです。このサービスを利用するためには、要介護認定を受ける必要があります。この要介護認定で、どんな介護をどれくらい受けられるかを判定してもらい、認定されたあとで、ケアマネによって作成されるのが「ケアプ

ラン」です。

ケアマネは、利用者が現在できること、できないことをヒアリングしたり、利用者の状態や意欲などを見極めたりしながら目標を設定し、利用者家族とも話し合って、ケアプランを作成します。母の場合は、介護保険サービスで人の力を借りながらも、自立した生活を送る、歩けなくならないよう自宅でリハビリを行ない、現在の状態を維持する、という目標があります。

母のような在宅介護のためのケアプランもあれば、介護施設にいるケアマネによって作られるケアプラン、要支援の方は包括によってケアプランが作成されます。ケアプランは無料で作成してもらえ、希望に応じて変更が可能で、わが家は6年で8回ケアプランを見直しました。ケアプランができると、サービスを提供してくださる事業者が集まって会議を行ない、ケアプランを確定させます。

現在の母のケアプラン

母が利用している介護保険サービスは、デイサービス、訪問看護、訪問介護、訪問

図5　母のケアプラン

2016年1月〜

月	火	水	木	金
訪問看護	ゴミ出し デイ送り出し		買い物	
	デイサービス	訪問リハ		デイサービス

リハビリの計4つです。

図5は、母の1週間のスケジュールです。月曜日の訪問看護は、訪問看護師が自宅に来て、体温、血圧、脈拍などバイタルチェック、認知症の薬のセットをします。火曜の朝はヘルパーさんが来て、燃えるゴミを捨て、同時にデイサービスの送り出しをします。水曜日の午後は理学療法士による、自宅での筋力維持トレーニングをします。木曜日はヘルパーさんに買い物をお願いしています。火曜日のデイサービスで、母の買い物のつき添いをお願いしているのですが、材料の過不足が必ずあります。そこで、ヘルパーさんに冷蔵庫を見ていただき、不足分を補います。金曜日もデイサービスを利用するので、平日は必ず誰かが家を訪問する仕組みになっています。

母の体調に異変があった場合は、気づいた医療、介護職の方が、東京にいるわたしに電話やメールをくれます。デイサービスで転倒した、足にアザがある、財布をなくしてしまったなど、今までいろいろな連絡をいただきました。東京にいるわたしの心境は、「電話が鳴らないということは、母は今日も元気に暮らしている証拠」と判断していて、ある程度は安心なのです。

土日は岩手県にいる妹が、実家に立ち寄ることもあります。また、わたしも月の3分の1くらいは帰省して、母をもの忘れ外来などの病院に連れて行きます。見守りカメラを設置して、母の様子を観察もしているので、ひとり暮らしでも人や機械の目が行き届いている環境と言えます。

余命1か月で寝たきりだった父も、同じようにケアプランを組みました。要介護5という最高ランクだったので、毎日2回、ヘルパーさんに身の回りの世話をお願いし、医療保険を使って訪問看護の回数を充実させ、訪問薬剤師、訪問入浴、訪問リハビリなど、母以上に何度も家に来てもらうケアプランにしました。

わたしは盛岡での泊まり込みの介護も覚悟していたのですが、**充実した介護保険サービスのおかげで、いつも通りの遠距離介護が実現できました。**

遠距離介護なんて無理？
時間が…
交通費が…
あきらめるのはまだ早い！
介護保険サービス
介護保険サービスを利用すれば認知症のひとり暮しも可能なんです
え〜〜っ
ほんと？
その流れは…
①要介護認定を受ける
要介護度は…
②ケアマネによるヒアリング
利用者や家族の状態を把握します
③ケアプラン作成
脳や体の機能を維持するには…
介助の方法は…
④サービス担当者会議でプラン内容を確定
ヘルパー
デイサービス
訪問看護
など
無料なんです
こうしてできたプランの例
午前
午後
月
訪問看護
火
デイサービス
デイサービス
水
訪問リハビリ
木
ヘルパー
金
デイサービス
デイサービス
日・土
家族の誰かが見守り
何かあれば家族にすぐ連絡してくれます
平日は必ず誰かが来てくれるのか！
それは安心だ！
見守りカメラの設置も有効です
全額自己負担だけど…
なるほど！その手があったか
でもさすがに寝たきりでは……
無理じゃないよー
手厚いケアプランを組めば大丈夫！
あきらめないでください
大丈夫ですか？

あえて介護保険サービスを使わないで介護をするメリット

ざっくりポイント

・介護保険サービスは安いが、生活や生命を維持することが主である
・介護を受ける人にも、介護以外の楽しみや人生があることを忘れない

人生を豊かにするイベントを共有したい

介護保険サービスを使うメリットとして挙げられるのは、利用者の自己負担は1割から3割と低コストで済むことです。この章で紹介してきた介護施設やデイサービス、ヘルパーなど、ほとんどがこの介護保険サービスでの提供になります。

もうひとつ、利用者が費用を全額負担する「保険外サービス」という選択もありま

す。なぜ、わざわざ高いサービスも選択肢として考えるかというと、介護保険サービスは生活や生命を維持することが中心で、人生を豊かにしたり、生きがいを求めたりするものではないからです。たとえば、介護状態であっても子どもの結婚式に参加したい、お墓参りに行きたい、ひとり暮らしなので話し相手になってほしい、旅行に連れて行ってほしい、カラオケに行きたいなどと思うかもしれません。ただただ介護を受けるだけが人生ではありません。

わたしは、母が大好きな舟木一夫のコンサートに連れて行ったり、一緒に函館に行って海鮮丼を食べたりしたこともあります。さっき食べたランチを忘れてしまう母でも、こうした楽しい思い出は覚えていることもあります。介護するわたし自身も、日頃の介護よりも、人生を豊かにするイベントを提供するほうが充実感があります。いずれ車椅子を使うことになったとしても、こういう機会を母に提供し続けたいという強い思いを、わたしは持っています。

どうしても介護状態になってしまうと、生活や生命を維持することばかりに目が行きがちで、そうなると人生の楽しさを味わえなくなってしまいます。たとえお金がかかったとしても、介護保険外サービスでこういったことが実現できたら、介護する側もされる側も、ハッピーな気持ちになると思います。

ケアマネをはじめとする介護職は、介護保険制度を中心にして、介護について考えることが仕事です。しかし、介護家族も同じように介護のことだけを考えてしまうと、以前楽しんでいた趣味や習い事まで目が行き届かなくなってしまいます。そのため、家族は介護制度だけに依存しない、広い視点を持ち続ける必要があります。

まずは、日頃お世話になっている居宅介護支援事業所に、介護保険外サービスは提供しているか、もし対応していたらサービス料金を確認してみるといいと思います。わが家では結局使うことはなかったのですが、雪かきの対応を別途契約したこともあります。いつも来てくださるヘルパーさんという、安心感もありました。

家政婦や家事代行を介護の選択肢に入れる

次に検討すべきは、介護という枠をさらに飛び越えて、民間の家事代行サービスや家政婦を利用することです。たとえば、掃除や洗濯といった簡単な家事をお願いすることは、人による見守りにもなります。指名可能な家事代行サービスを提供している会社は、同じ担当者がずっと来てくれるところもあります。介護保険サービスではヘルパーさんの指名ができないので、介護保険にはない、継続したつき合いができることもあります。

それに、介護者自身が仕事や家事で疲れきってしまったら、ムリをせずに家事代行を利用して、自分の体を休め、いたわる時間を作ってもいいと思います。

親が元気なうちは温泉に連れて行きたい、お寿司を食べさせたいと思っていたはずなのに、「要介護」という肩書きがついた瞬間から、実現できないと思ってしまいます。医療も介護も、親の人生のほんの一部分でしかないはずなのに……。

人生を豊かにする親の生きがいや目標を忘れないためにも、自分の人生を充実させるためにも、家事代行や介護保険外サービスなど、使えるものはすべて使ってみてください。そのことによって、介護自体も違って見えるようになると思います。

在宅介護でも介護保険サービスを利用すれば自己負担1〜3割で
月 火 水 木 金 月 火 水
なんとか日常生活を送ることができます
でも、それだけでいいでしょうか？
家族で外出か…
介護状態でもいろいろなことを楽しみたい
もう一度旅行に行けたら
人生を豊かにしたいはずです
まずはお世話になっている事業所へ「介護保険外サービス」があるか聞いてみてください
コンサート
旅行
墓参り
親族の結婚式
話し相手
うれしい
楽しい
全額負担になりますが介護する側もされる側もハッピーになれるはず
そしてもうひとつは「民間の家事代行サービス」を利用すること
いろいろな家事をしてくれる
気に入った人と長くおつき合いできる
見守りも兼ねられます
家族の負担が減って自分の時間が持てた！
お金はかかるけど…
介護生活をしているからといって、自分の人生をあきらめてはいけません！

使える！「訪問サービス」のいろいろ

ざっくりポイント

・「連れて行く」のではなく、「自宅まで来てもらう」という発想で介護負担を減らす
・訪問理美容、訪問薬剤師、訪問歯科など、訪問サービスは充実している

「家に来てもらえないだろうか？」という視点で考えてみる

家族を通院させるのではなく、医師や看護師が家に来る在宅医療を紹介しましたが、日常生活や介護においても、家に来てもらえる「訪問サービス」があります。

祖母は、入院当初は歩くことができたのですが、病院のベッドから転落して大腿骨を骨折したあとは、ベッドから動けなかったので、利用したのが**訪問理美容**です。訪問理美容は、美容師が自宅や介護施設、病院まで来て、カットやカラー、パーマやシャ

ンプー、顔剃《そ》りやひげ剃りなどを行なってくれるサービスです。病院内に理髪店があるケースや、一般の美容室でもバリアフリーの対応をしているところもあります。お店までの移動が大変ですし、連れて行く時間がない場合は、訪問理美容を使ってみるといいと思います。美容師さんに病室まで来てもらって、祖母の髪を切ってもらい、わたしが「サッパリしたね」と祖母に声をかけると、うれしそうに笑っていたことを覚えています。

髪を切る、白髪を染めるという当たり前のことも、病気や要介護状態になってしまうと、日常から遠いものになってしまいます。食事や排泄の世話だけでなく、身だしなみを整えることにも気を配ることで、生活にハリが生まれます。

母はなんとか歩くことができるので、近くの美容室に2か月に1回連れて行っています。とくに白髪染めはまめに行っていて、わたしが「白髪を放置すると、老いがガタっと来るよ」という声かけをよくするためか、白髪は注意するようになりました。

今利用している美容室には、母が認知症であることを伝えています。おそらく、母は同じ話を何度もしているはずですが、それでも理解してもらっています。訪問理美容は全国でサービスが展開されているので、まずはネットで「訪問理美容」と検索してみてください。

同じ訪問サービスで、わが家がお世話になったのが**訪問薬剤師**です。認知症の母は薬の管理ができないので、訪問薬剤師に自宅まで来てもらい、薬のセットをしてもらいました。ベッドから動けなかった父のときも、薬を家まで持ってきてもらいました。

高齢になると飲む薬の種類も増えるので、それらをまとめる「一包化」であったり、飲み忘れの薬を回収してもらったり、父がほぼ寝たきりで薬が飲みにくかったためオブラートを提案していただき、飲みやすさを改善したりもしました。自宅だと薬剤師さんとの距離も近いので、薬の飲み合わせや副作用の質問もしやすい利点も感じました。

また、**訪問歯科**というサービスもあります。これは必要な機材を積んだ訪問診療車が、自宅や介護施設、病院まで来てくれて、虫歯の治療や入れ歯の調整を行ないます。

介護タクシー、メガネの訪問サービス

介護で利用できるタクシーは2種類あって、介護保険サービスの中で使う介護保険

タクシーと、自費で負担する介護タクシーがあります。介護保険タクシーは、ヘルパーの資格を持った運転手が、乗降や移動の介助を行なってくれるサービスで、車椅子のまま乗降できます。ただし、通院や公的機関での手続きでの利用に限定され、要介護1以上の方が対象で、ケアマネジャーと相談して、ケアプランに組み込んでもらう必要があります。

わが家は、母の通院のついでに外食や買い物のためにも利用するため、自費負担の介護タクシーを利用しています。父が大学病院を退院して、在宅医療に切り替えたときも、介護タクシーを利用しました。車椅子での移動、自宅ベッドに寝かすまでの歩行介助までお願いして、とても助かりました。

カーリースを利用して、1年間、車をレンタルしたこともあります。格安レンタカーを利用することもあるのですが、雨や雪の日はレンタカーのお店までのわたしの移動が大変なので、介護タクシーの利用が増えています。

メガネや補聴器の出張訪問サービスもあります。先ほど紹介したメガネスーパーは、介護施設や病院などにも出張サービスをしていて、メガネ、老眼鏡、補聴器などの相談、調整、クリーニングを24時間365日対応しています。

母は歩行が厳しいのですが、いずれ車椅子になったとしても、舟木一夫のコンサートに介護タクシーを使って連れて行きたいですし、外食や旅行もあきらめずにチャレンジしたいと思っています。介護状態になった人から遠ざかってしまいがちな楽しいイベントの数々が、薬以上の効果や、生きる力を与えると思うからです。

通院するにも、移動手段の手配、着替え、歩行の介助など、やることはたくさんあります。ただでさえ仕事や家事で忙しい介護者の時間は、簡単に奪われてしまいます。

そんなとき、**「待てよ、訪問してもらうという方法もあるかも？」と発想を転換することで、会社を全休せずに半休に留めることもできるかもしれません。**調べてみると、意外と自宅にいたまま受けられるサービスはたくさんあります。

訪問サービスは訪問看護やヘルパーだけ？
他にもいろいろなサービスがあります
①訪問理美容
自宅や介護施設、病室まで来てシャンプー、カットやパーマ、顔剃り、ひげ剃りをしてくれます
身だしなみを整えて
Before
After
心もスッキリ
②訪問薬剤師
薬の管理やセッティング、飲み合わせや副作用の相談もできる
飲み忘れや間違いがないように！
飲みやすい工夫もします
服薬ゼリー
オブラート
③訪問歯科
虫歯治療や入れ歯の調整をしてくれる
けずりますよ、痛かったら手を上げてー
④メガネや補聴器の相談、調整、クリーニング
24時間、365日！いつでも対応いたします
メガネスーパー
⑤タクシー
・介護保険タクシー
介護保険が適用される
ヘルパー資格があるドライバーが介助してくれる
・介護タクシー
利用制限はないが全額自己負担になる
外出する際の負担は介護する人にもされる人にも大きなもの
サービス
とっても楽だし助かるね！
サービス
サービス
自宅にいながら受けられる訪問サービス、ぜひ利用してください

どんなサービスを受けるにしても人が大切！「いいプロ」の見分け方

ざっくりポイント

・サービスも大切だが、かかわる人の人間性や性格も同じくらい大切
・できる介護職は、使う言葉も意識して動いている

相手の言葉の使い方ひとつでショックを受けることがある

わたしは医療・介護に携わるプロの方が日頃よく勉強しているか、ニュースや世の中の流れに敏感かどうかを判断する材料として、「言葉の使い方」を見ています。どんなにいいサービスを提供していても、その仕事に携わる人の人間性や性格がよくないと、すべてが台なしになってしまいます。

父は集中治療室に入院していたとき、室内にいるはずのない蚊《か》が飛んでいる、幽霊がいると言い出しました。これは「せん妄《もう》」といって、入院や手術の影響で外部との情報が遮断された人や、酸素や鎮静剤の影響で症状が出ることもあります。よく似た認知症の症状のひとつに「幻視」があって、存在するはずのない子どもや動物が見えます。

父の担当医師も認知症と勘違いし、診断書に「痴呆《ちほう》」と書きました。差別的な言葉とされている表現を、平然と認知症の家族がいる我々に対して使ったことに驚き、失望しました。

認知症のご本人、あるいは介護関係者や家族が「認知症」を「ニンチ」と略さないでほしいという動きがあり、キャンペーンを行なっている団体もあります。「あの人、ニンチ入っている」「ニンチ、進んだかもね」といった使い方は、どこか認知症の人への偏見を感じてしまいます。

母の担当である民生委員が「ニンチ」という言葉を使ったとき、偏見を感じてしまい、わたしはイラっとしてしまいました。同じように「徘徊《はいかい》」という言葉も使わないでほしい、という認知症ご本人の声もあります。目的もなくさまよっているわけではなく、何か目的を持って歩いているためで、「ひとり歩き」と表現することもあります。

一方で、こういった動きを「言葉狩り」と感じる方もいます。普通に使われていた言葉が、ある日を境にタブー視され、使えなくなってしまうことに、「過剰反応では?」と考える方もいます。しかし、認知症ご本人の思いを知ったとき、やはりその言葉を使うことに、わたしはためらいます。過去の自著やブログでは「徘徊」を使っていましたが、今は不快に思う方もいるので、使わないようにしています。

時代によって、言葉の意味や価値は変化していきます。そういった**時代や社会の流れを察知している医療・介護職の方は、きっと勉強熱心で、医療や介護の最新情報を常にアップデートされている、頼りになる存在**だとわたしは思います。

マンガで読む！じっくりポイント【いいプロの見分け方とは？】

第4章

仕事を辞められない！

――離れていても介護をする方法

まずは社内規則を読んでおこう

ざっくり
ポイント

・「育児・介護休業法」という法律は、どの会社にも適用される
・会社独自の介護制度を必ず調べておく
・介護離職する前に、必ず介護知識のある人に相談する

今あるものを失う前に知っておくべき情報がある

わたしは介護離職を2度も経験しているので、「介護と仕事の両立ができていないのではないか」と言われることがあります。しかし、人より多く介護離職を経験しているからこそ、「もし会社にこういう制度があったら、こういう仕組みがあったら、会社を辞めずに済んだのに」と思うこともあります。それに、今は会社員ではありませんが、わたしにも文章を書く、という立派な仕事があります。

現在の仕事のひとつとして、企業向けの講演では、介護で離職せずに済む方法をいくつかご提案しています。この章では、漠然と介護への不安を抱えながら仕事をしている会社員のみなさんが、今やっておいてほしいことを紹介します。仕事や収入を失って、はじめて仕事や毎月入ってくる給料のありがたみを知るのではなく、なくす前に知っておくべき情報をまとめました。

まず知っておくべき「育児・介護休業法」

「育児・介護休業法」という法律で、介護休暇、介護休業、勤務時間の短縮措置が認められています。会社の人事部で積極的に発信していなくとも、介護する相手との間柄が法律の範囲内であること、雇用期間や、労働日数などが満たされていれば、会社に申請することができます。

もし、上司から「介護休業は認めない」と言われたとしても、「労働者は、会社の規模や業種、また、性別に関係なく育児休業や介護休業を取得できる（育児・介護休業法第5条、第11条）」「会社は、対象となる労働者から育児休業や介護休業の申出があったときには、経営困難、事業繁忙、人手不足などの理由があっても拒むことはできない（同法第6条、第12条）」とあります。介護休業の申し出や休業したことを理由に、社員が解雇されたり、不利益を被ったりすることはあってはなりません。

介護休業給付金も、雇用保険から賃金月額の67％が給付され、その手続きは社員ではなく、事業主が申請することになっています。

まずはこれらの制度を利用しながら、介護と仕事の両立を模索するところからはじめるのですが、**介護休業中に行なうことは、介護保険サービスなどを使って介護のプロの力を借りながら、ケアマネと相談しながら介護体制作りをすることであって、自らが介護をがんばることではありません。**

社内独自の介護制度を調べておこう

育休と比べて、介護休業を取得する人は本当に少ないので、会社や上司に申請しづらいのが正直なところですが、そういった空気を察して、会社側が隠れた介護者を調べたり、独自の制度で社員を守ったりする動きがあります。

とくに、社内で重要な責務を任されている40代、50代の社員を失いたくないと考える会社の中に、独自の介護制度を充実させているところもあります。たとえば、介護休業で定められている通算93日以上の介護休業を与える会社、遠距離介護の交通費を補助する会社、介護相談窓口を設置する会社、コアタイムのないフレックスタイムを導入する会社などもあります。そして、短時間勤務ができる会社、テレワークを導入している会社など、様々な独自制度があります。

人事部は、社内のイントラネットやメールなどで、こういった情報を発信しているのですが、受け手である現場側に当事者意識がないために、情報をスルーしていることがよくあります。人事部側がいい制度を用意しても、利用率が上がらない、認知されていないという問題が起きています。

「介護離職をする際に、誰にも相談せずに辞めた」という人が47・8%もいるというアンケート結果（介護と仕事の両立を実現するための効果的な在宅サービスのケアの体制に関する調査研究・みずほ情報総研　2017年）があります。ここからもわかる通り、社内の制度が充実しているにもかかわらず、介護がはじまると病院に寝泊まりしないといけない、自宅でずっとつき添わないと介護できないなど、介護初期特有の知識のなさ、精神的ショックから、介護休業法や社内の介護制度を知らずに会社を辞めてしまう人が多くいるのです。

また、会社にプライベートなことを持ち込みたくない、仕事で上司や同僚に迷惑をかけたくない、という思いやプライドが邪魔して、誰にも言わずに会社を辞めてしまうこともあります。しかし、何の制度も利用しないで、理由も告げずに黙って会社を辞めるほうが、会社にも家族にも迷惑がかかると、わたしは思っています。

もし、社内独自の制度があれば、その会社は介護離職を防止しようという姿勢が見えます。介護をする社員を受け入れようとする社内風土を醸成しようとしていると言えるでしょう。社内のイントラネットなどで、一度でいいので制度の内容を確認してみてください。

一方で、社内独自の介護制度がまったくない会社も結構あります。そういった場合は福利厚生を調べると、外部の介護専門家に電話相談ができるサービスを提供しているところもあります。

また、何度も紹介している介護カフェは、ここでも活用できます。介護と仕事の両立をしている先輩の介護者から、どういった制度を活用しているかを聞いてみるといいと思います。他社の人の情報であっても、得られる情報は宝になるはずです。

介護離職は誰に相談すべきか？

仮に社内独自の介護制度がまったく充実していなかったとしても、要介護認定を受けて認められれば、介護保険サービスは誰もが受けられます。しかし、誰にも相談せずに介護離職する人が多いことや、介護離職後も介護保険サービスを利用していないという人が3割もいるという結果からもわかるように、そもそも介護保険サービス自体を知らない、あるいは周りから教えてもらっていないという方がかなりの数います。

職場の上司や人事部に相談して介護離職した人の割合は23・6％、ケアマネジャーに相談して介護離職した人は10・6％まで減少するというデータから見ても、まずは誰かに相談するのが大切なのだとわかります。もっと言うと、介護に詳しい人に相談したから、介護離職をせずに済んだのです。**介護がはじまった直後に誰に相談するかが、とくに大切だということです。**

わたしは介護することが確定してすぐに、社内のイントラネットで介護制度を確認しましたが、独自制度がなかったため、介護休業法を読みました。すると、「同一の事業主に引き続き1年以上雇用されていること」という条件がありました。わたしは転職してわずか9か月目に介護することが確定したので、介護休業も使えませんでした。その後、会社の上司に遠距離介護がはじまることを伝えましたが、これといったアドバイスはなく、人事部からも制度の説明はありませんでした。この章は、とくに、そんなわたしのような立場の人に、わたしのようになってほしくないからこそ書いています。

介護への取り組みは会社間格差が大きい

独自の介護制度を充実させている会社には、ふたつの特徴があります。

ひとつ目は、大企業ほど介護制度を充実させ、介護離職防止に真剣に取り組んでいるということです。多くの中小企業はマンパワー不足のため、独自の制度もなく、介護離職防止に手が回っていません。なぜそう思うかというと、わたしが制度を運用している現場の話を聞いたり、お会いして話したりした人事の方のほとんどが、大企業だからです。中小企業向けの講演をあっせんする会社から、介護と仕事の両立というテーマの講師登録依頼があり、試しに登録してみたのですが、1年経ってもオファーは0件です。

ふたつ目は、**企業の規模にかかわらず、人事担当者が実際に介護を経験している、あるいは経験していた場合、介護制度が充実する傾向にある**ということです。介護の大変さをわかっているからこそ、社員をサポートしてあげたい、自分もやった介護と仕事の両立を、他の社員にはもっと楽な形で提供してあげたい、そんな熱意のある会社があります。

経団連が取り組んでいる「トモケア」

介護と仕事の両立が進んでいる大企業は、どんな取り組みをしているのでしょうか？

経団連は、介護離職予防に向けた取り組みを推進していくために、介護と仕事の両立支援を基本理念とした「トモケア」を発表しました。これは、人事部主導ではなく、経営陣も巻き込みながら会社全体で介護に対して取り組む姿勢が特徴です。経営トップからのメッセージ発信、介護している社員の実態の把握、介護体制の構築に欠かせない情報提供と相談対応、両立しやすい制度・職場作りに取り組んでいくというものです。

しかし、「トモケア」を推進し、介護制度を充実させている企業ですら、介護に直面する社員の実態の把握には苦労しているようです。わたしもそうでしたが、介護のようなプライベートなことは、会社、上司、人事部にオープンにしたくない、自分の昇進や今後のキャリアに影響すると考え、隠れて介護をしたり、黙って介護離職をしたりする人はまだまだ多くいます。そんな隠れた声を拾う方法として、アンケート調査が効果的だというデータもあります。

また、大企業では社内で介護に関するセミナーを実施しているところもあります。主に介護保険制度の仕組み、社内の介護制度の説明、介護の心構えといったテーマを取り扱っています。わたしも企業で講演したことがありますが、**セミナーは介護を自分事として捉えてもらういい機会**だと思います。介護の情報をどう集めていいかわからない上に、介護への不安がある社員のみなさんですから、会社が提供する介護セミナーへの参加姿勢は、本当に真剣です。

ただし、わたしがこれまで在籍してきた5つの会社の介護制度、友人の会社の介護制度、介護を通じてお会いした企業の介護制度を比較しても、企業間格差はかなり大きいというのが実感です。

マンガで読む！じっくりポイント【会社の介護制度はどのくらい充実している？】

介護と仕事を両立することで起こる、想定していなかった弊害

ざっくりポイント

・介護がはじまると、責任ある仕事を任せてもらえないことも正直ある
・キャリアの小休止ではなく、今までの仕事を見直すいいきっかけにする

キャリアを小休止する3つのメリット

育児・介護休業法や、会社独自の介護制度を利用しながら、介護と仕事の両立をする中で、会社の上司や同僚の配慮や優しさに触れ、感謝する機会も増えるかもしれません。そのような中、思いもよらない壁を感じることもあります。

介護がきっかけではありませんが、それに近い話があります。元テレビ東京のアナ

ウンサーで、現在はフリーアナウンサーとして活躍されている大橋未歩さんは、34歳のとき脳梗塞になり、会社を休んで療養と治療をしていたときのことを、ラジオでこう話されていました。

「会社側から仕事上ムリをさせられないと言われ、疎外感を感じました」

会社は大橋さんの身体を気遣って配慮したと思うのですが、大橋さんは社会から置いていかれると感じたと言います。

同じように、介護制度が充実していて、介護をしていることをオープンにできる社内の空気が醸成されている会社であっても、**介護している社員に責任ある仕事やプロジェクトを任せたり、躊躇《ちゅうちょ》したりすることはある**かもしれません。

キャリアアップにまい進してきた人にとって、キャリアの小休止は受け入れにくいかもしれません。「介護のせいで好きな仕事ができないなんて！」と悔しい思いをすることでしょう。しかし、一度立ち止まって考えることで、見えることもたくさんあります。わたしは「キャリアの小休止がマイナスだけではない」ということもお伝えしたいのです。なぜなら、わたし自身が小休止の3つのメリットを発見したからです。

ひとつ目は、仕事の進め方を見直すきっかけになるということです。それまでのわたしは、ひとりで仕事を抱え、人にお願いするよりも、自分でやったほうが早いと思って仕事をこなしていたのです。しかし、介護と仕事の両立をしなければならなくなったとき、自分が抱えていた仕事を、いろいろな人にお願いするようになりました。そうすることで、仕事のスピードがアップし、効率的な仕事ができるようになりました。

ふたつ目は、多くのムダが見えるようになったことです。わたしは当時、マネジャーという立場で多くの会議に参加していました。しかし、遠距離介護で出社日数が限られ、会議に参加できないことが増えました。そういう環境に置かれると、なぜその会議が必要なのか、本当に会議に出席する必要があるのかという疑問が湧いてきたのです。介護と仕事を両立するためには、限られた時間の中で仕事をこなす必要がありますが、そうなったとき、ムダな業務が浮き上がってきます。

3つ目は、自分がいなくても、会社の業務は滞りなく回るということです。「自分がいないとこの会社は、このプロジェクトはどうなってしまうのか……」と思うかもしれませんが、残ったメンバーでカバーし合いながら、普通に業務は回っていきます。

介護と仕事を両立することで、責任ある仕事が一時的に回ってこなくなったとしても、必要不可欠な小休止だと考えてほしいのです。

マンガで読む！じっくりポイント【介護と仕事の両立で発生する弊害とは？】

絶対に介護離職をしてはいけない3つのタイプ

ざっくりポイント

・周りの目が気になる、無職がはずかしいと思う人は、介護離職をしてはいけない
・安定した職場でじっくり働ける人は、その環境を生かして介護する

介護離職をしても、たくましく生きていける人がいる一方で、絶対に介護離職をしないほうがいいという人もいます。どういったタイプが介護離職してはいけないのか、3つのタイプを紹介します。

①とにかく周りの目が気になる人

介護のために会社を辞めると、平日の昼間にスーパーで買い物したり、家族を病院

に連れて行ったりすることもあります。平日に近所の人に会うことをはずかしいと感じたり、**他人と違うことに負い目や生きづらさを感じたりする方は、介護離職しないほうがいい**と思います。職場でひとりでランチすることを「ぼっちランチ」と言いますが、仲間と常に一緒でないと、自分は取り残されていると不安を感じる人も、介護離職は精神的につらいかもしれません。

②介護離職の準備ができていない人

もし、貯蓄がない状態で介護がはじまり、会社を勢いで辞めてしまったとしても、一定期間以上、雇用保険に加入していれば、ハローワークに行って失業保険を受け取ることは可能です。すぐに基本手当を受け取れるかどうかは「特定理由離職者」と認められるかどうかにかかっていて、介護で退社した場合は該当することもあります。認められない場合は、自己都合による退職の扱いとなり、失業保険の受取りまで3か月以上待機する必要があります。そのため、貯蓄がない場合、会社と話し合って介護と仕事の両立ができる方法を模索することが現実的です。

会社員として働きながら、そのうち親の介護がはじまるかもしれないという不安を抱えている40代、50代はたくさんいます。しかし、介護離職のために準備ができている人は、そう多くはないと思います。不安を解消するためにも、貯蓄や資産運用を見直しつつ、安定した収入があるうちに、副業を見つけておきましょう。わたしはその副業のおかげで、介護離職後もわずかですが収入があり、助かりました。

③今ある環境をしっかりと守り、継続できる人

じっくり腰を据え、長く仕事を続けている人や、仕事や人間関係で嫌なことがあっても、自分と折り合いをつけられる人は、今ある会社の介護制度や、介護保険サービスをうまく活用しながら、介護と仕事の両立を模索すべきだと思います。介護という新しいチャレンジが増えますが、社会人として荒波に揉まれた経験は、介護にも活用できます。とくに40代、50代であれば、自分がどういった人間か、自己分析ができていると思います。**環境の変化を積極的に受け入れるより、今ある環境をしっかり守って継続することが得意な人は、勢いで介護離職したらもったいない**です。

マンガで読む！じっくりポイント【介護離職をしてはいけない人がいる】

電化製品が故障しても使い続ける高齢者

ざっくりポイント

・利用時間の長いテレビは、高齢者の生活に密接にかかわっている
・高齢者は電化製品のトラブルがあっても、我慢して使い続けることもある
・電化製品のトラブルがあったとき、誰がどう対応するか考えておく

テレビのリモコンを変えてみるだけでもだいぶ違う

認知症の母は、なんとか自立した生活を送っていますが、これだけ医療・介護のプロの力を借りても、どうにもならないのが「電化製品のトラブル」です。母は電化製品が直るまで、ずっとその異変が気になり、会社にいるわたしに何度も電話をしてきました。一見すると、電化製品は介護とは無関係と思われますが、生活に密接にかかわっている分、大きな影響があります。

わたしの介護経験上、最も重要な電化製品はテレビです。生活の中心にテレビがあり、テレビがつかないということだけで、生活リズムは大きく崩れます。

急に外出してしまう落ち着きのない高齢者でも、大好きな俳優や歌手のＤＶＤを繰り返し見たり、相撲中継などを見たりすることで、自然と家にいてくれることもあります。**わたしの中でテレビは、杖や車椅子、電動ベッドと同等の扱い**です。

そんなテレビも年々進化し、使いこなせないほどの機能が追加され、テレビリモコンのボタンの数も、昔と比べるとだいぶ増えています。便利になる一方、認知症の母にとっては、テレビの操作が難しくなっています。

実家のテレビのリモコンには、ＢＳのアンテナもないのに、ＢＳ・ＣＳボタンがあります。データ放送ボタン、赤、黄、青、緑ボタン、番組表ボタンなど、母には不必要なものだらけです。母がよくやる操作ミスは、ＢＳボタンを押してしまうことです。

そうすると、東京にいるわたしに、「ひろ、テレビが急に映らなくなった！」と電話してきます。しかもその後、わたしに電話したこと自体を忘れてしまい、テレビが復旧するまで、何度も何度も電話してくるのです。

そこで、家電量販店で販売されている２０００円くらいの、シンプルなテレビのリモコンに買い替えました。チャンネル、音量ボタンが大きく、データ放送のボタンがありません。これによって、母によるテレビのリモコンのボタンの誤操作が減り、電話の回数も減りました。

とくに、パナソニックの「レッツ・リモコン」は、電源ボタン、チャンネル、音量、地デジ、BS、CS切り替えの6つしかボタンがない、究極にシンプルなリモコンでおすすめです。認知症になると、リモコンをテレビに向けるという基本動作を忘れる方もいるのですが、このリモコンは赤外線信号が3~4方向に発信されるため、リモコンがどこを向いていてもチャンネルが変わります。リモコンボタンを押すと音と光で反応するので、ボタンを押した感覚が容易にわかります。

電化製品が故障したときのホットラインも必要

テレビのリモコンの誤操作くらいであれば、遠距離でも電話で対応できることもありますが、電化製品が故障してしまうと、どうすることもできません。わが家では、居間の照明が故障するというトラブルが発生しました。

和式の照明で、ひもを引っ張って明かりをつけるタイプなのですが、そのひもが抜けてしまったのです。日中でも照明がつけっぱなしの状態なので、母からの電話は鳴りやみませんでした。

ひもはそんなに簡単に抜けないかもしれませんが、電球が切れることはよくあります。そこで、介護がはじまったら、長寿命のＬＥＤ電球に交換しておくことをおすすめします。また、電球の交換も、高齢者にとっては大変な作業になります。高いところに手が届かない、認知症で電球の交換自体のやり方を忘れてしまった、目が見えなくて細かい作業ができないなど、**身体的な問題が理由で、故障した電化製品をそのまま放置して、不自由なまま生活を送っているケースもあるからです。**

こういった電化製品のトラブルは、介護保険サービス適用外なので、ヘルパーさんにお願いするわけにはいきません。では、近くに家族がいない場合、どう対処すればいいのでしょうか？

まず、ご近所の電器店に話をしておくという手があります。さらに、首都圏で展開する、株式会社御用聞きが提供する「１００円家事代行」は、５分間１００円で、電

球・電池交換、瓶のフタあけなど、かゆいところに手が届くサービスを提供していま
す。

もし、トラブルが発生した場合は、誰に頼むのか、近くに便利屋はいないか、ボランティアで何とかならないか、親族にお願いできないかなど、電化製品のトラブルのホットラインを決めておいたほうがいいでしょう。介護保険外ですが、自己負担でいつものヘルパーさんが対応してくれる事業所もあります。

自立した生活を長く送ってもらうための環境を整えることも、立派な介護のひとつです。身体的な介助だけが介護と勘違いしがちですが、むしろ、自立できる環境を整えたほうが、元気に動ける期間が長くなります。その中でも、生活環境と密接にかかわっている電化製品のトラブルにどう対応するかは、きっちり決めておいたほうがいいでしょう。

家電のトラブルが介護とどう関係するの？
これが意外と大変、介護のプロはお手上げだから
保険外だし畑違いだし…
「トラブル1」テレビの誤操作
え〜っと…
ボタンがいっぱいで……
ピッ
ピッ ピッ
なんで？どうして？？
テレビがつかない！
シーン
なんとかして
テレビがつかないんだよ！
仕事中に何度も電話してこないでよ！
まいったなーもう〜
テレビは生活の中心、見られないと生活リズムが乱れます
そんなときは「シンプルリモコン」に変えましょう
使って！
大きなボタンで見やすいねえ助かるよ
誤操作もぐっと減るはず
「トラブル2」家電の故障
時計が止まってる
つかない……
交換できない……
ヘルパーさんお願いします
介護保険のサービス外なのでできません
ごめんなさい
こんなときはどうすればいいの？
「手立て1」近所の電器店に依頼する
お願いできますか
ご連絡をくだされば すぐうかがいます
「手立て2」便利屋に依頼する
電球交換、フタあけ、針の糸通し、なんでも5分100円から！
自立生活ができる環境を整えるのも介護です

「在庫切れ」は生活のリズムを狂わせる

ざっくりポイント

・「コーヒーを入れる」行為だけでも、複数の動作の連続から成り立っている
・認知症の人はとくに、生活の不便をタイミングよく訴えることができない

在庫切れは高齢者の生活を一変しかねないリスクがある

電化製品のトラブルと同じくらい重要なことに、生活していく上で必要な日用品の「補充」があります。**在庫がないというだけで、高齢者の生活リズムが大きく崩れることがよくあるのです。**

母は、コーヒーにグラニュー糖を2杯入れて飲むのが習慣です。ブラックは飲めないので、グラニュー糖の在庫が切れた途端、コーヒーを飲むことをあきらめます。コー

ヒーを飲まなくなるだけで、生活習慣はがらりと変わります。たとえば、やかんに水を入れる、やかんに火をかけるためにガスレンジを使う、コップを出す、コップを洗う、これだけの生活動作がストップしてしまうのです。さらに、母は認知症なので、グラニュー糖の在庫切れ期間が長くなれば、お湯が沸かせなくなり、コーヒーの作り方まで忘れてしまう可能性もあります。

食器用洗剤がなくなれば、お皿を水洗いで済ませるなんてことも。洗剤を補充しなければ、スポンジに洗剤をつける行為まで忘れてしまうかもしれません。

冬場には、ヒーターやストーブのための灯油の補充も必要です。盛岡市は氷点下10度以下になるほど寒い地域なので、ヒーターやストーブは欠かせません。しかも、わが家は灯油式ボイラーのため、灯油が切れるとお湯が出なくなってしまいます。介護がはじまってすぐ、灯油の在庫がほぼゼロになったことに気づき、灯油の定期配送契約を結びました。灯油ファンヒーターも一部利用しているため、灯油の補充は欠かせませんし、生死にかかわる問題です。

薬は生命にかかわるものなので、きちんと飲んでいるか、飲み残しがないか、家族も医療・介護職もきちんとチェックをします。しかし、日用品の在庫切れリスクも、高齢者の生活を一変しかねない大切なものです。

高齢者は不便でも訴えないかもしれませんし、認知症の方だったら、必ずしも家族や介護職がいるタイミングで「グラニュー糖がなかった」などと言わない可能性もあります。

そのため、わたしが東京から盛岡に帰省して必ずやることが、この日用品の補充です。トイレットペーパー、ティッシュ、お醤油、さとう、塩、尿パッド……母が1日でも長く自立して生活が送れるよう、ひたすら補充をしています。**たかが補充、されど補充**なのです。

日用品がなくなると認知症が悪化するってホント？
「そんなことぐらいで」と軽く考えてはダメ
たとえば毎日コーヒーを飲む人は……
おさとう2杯♥
クリーム
コーヒー
さとう
台所へ移動
やかんに水を入れガスをつける
コップ、コーヒー、さとうを出して作る
コップを洗って片づける
ジャー…ッ
在庫がなくなると
……
何もしなくなる…
在庫切れの期間が長くなれば作り方を忘れてしまうことも…
お湯をわかす？
コーヒー？
はて？？？
たったひとつのことでもこれだけの動作をしているのです
頭や体手先の運動
台所洗剤がなくなったら…
みそやしょうゆが切れたら…おふくろの味が食べられなくなるかも……
大変だ
在庫切れ
何もしない
やり方を忘れる！
炊事や洗顔、入浴… 日常の作業ができなくなるキッカケのひとつが在庫切れ
認知症の人は「足りないものがある」と言えないことがあります
ガマンしたり、遠慮したり、言い忘れたり…
薬の管理はもちろんのこと、日用品のチェック、補充は忘れずに！
誰もが一目でわかる
在庫リストを作るといいかも…
寒冷地では冬場の灯油の補充が大切
定期配送を頼んでおこう
「日用品」は命を守る「重要品」ですね！

「診療も薬もオンライン」の時代がやって来た

ざっくりポイント

・オンラインで診療、服薬指導を受けることが可能な時代に
・介護者の通院介助の負担を大きく減らすことができる

診察の待ち時間が不要の「オンライン診療」

病院で受診する患者が最も不満に思っているのは、「待ち時間」でしょう。この待ち時間を解消できる方法として、本書の冒頭でも紹介した在宅医療以外にも、もうひとつあるのが「オンライン診療」です。いわゆる遠隔診療のことで、スマートフォン、タブレット、パソコンを使って診察を受け、薬や処方箋も届けてもらうサービスのことを言います。

オンライン診療で受けられる科目は、内科、小児科、精神科、心療内科など、豊富にあります。**オンライン診療のメリットは、「病院までの移動時間、交通費がかからないこと」です。**24時間いつでも診療予約が可能で、診療後に薬の処方箋が届くので、自宅近くの薬局で薬をもらうことができます。病院や薬局の会計待ち時間も必要なく、クレジットカードでの決済もできます。オンライン診療のルールとして、初診は対面診療が必要になり、再診からオンライン診療になるため、最初は負荷がかかりますが、それでも通院という介護者の大きな負担を軽減できます。

株式会社メドレーが提供しているオンライン診療アプリ「CLINICS（クリニクス）」は、国内約1000以上（2018年10月現在）の医療機関が導入しているサービスです。また、サントリーホールディングスは、社員と社員の家族が利用できるオンライン診療を導入して、社員の介護への不安を解消する取り組みを発表しました。

オンライン服薬指導（遠隔服薬指導）もある

オンラインによる服薬指導も動き出しています。これまでは病院で診察を受け、紙の処方箋をもらって、調剤薬局へ行って、服薬指導を受けるのが普通でした。オンラインの服薬指導は、スマホやパソコンなどを利用して、薬剤師と在宅患者とがやりとりするというものです。その後、薬は薬局から自宅へ配送されるという仕組みです。

薬をもらいに行くのが面倒だから、通院をやめてしまい、病状が悪化する高齢者もいます。病院だけでなく、薬局も意外と待たされることがあります。オンライン診療よりオンライン服薬指導の導入は遅れているため、オンラインだけですべて完結する環境はそれほど整っていませんが、今後の展開に期待しています。

通院を介助するだけで、待ち時間、移動時間、診療時間、検査時間で丸1日かかったという方も多くいます。そのために会社を何度も休み、最終的には介護離職してしまう可能性もあります。だからこそ、オンラインサービスを賢く利用することで、仕事への影響を最小限に食い止めることができるのです。

マンガで読む！じっくりポイント【進んでいる！ オンライン診察の現場】

第5章

忙しくて時間がない！

――ツールを活用して介護を楽にしよう

今どきの「固定電話」は見守りにも役に立つ！

ざっくりポイント

・最新の固定電話は、見守り機能もついている
・あらゆる家電を簡単に遠隔操作できる時代になっている

介護の体制を整えるときに必要な3つの視点

わたしは介護の体制を整える上で、次の3つの視点でアプローチしています。**ひとつ目は「医療」、ふたつ目は「介護保険、介護保険外サービスを使った人による介護」、3つ目は「ツールの活用」です。**ツールと言っても、介護保険を利用した杖や車椅子といった福祉用具のことではありません。介護とは無関係のツールやサービスでも、介護に活用できるものはたくさんあるのです。

健康保険や介護保険を利用すれば、利用者の経済的負担は軽減されます。しかし、手続きが煩雑で、今すぐなんとかしてほしいのに、行政は動きが遅いことも。誰かにお願いする場合は、気遣いが必要になります。

これから紹介するツールは、手続き不要で、その気になれば今すぐ購入可能で、さらに人への気遣いが不要です。人間なら介護の疲労も蓄積していきますが、そういった心配もありません。

福祉用具専門相談員の活用

父の在宅介護がはじまったときは、福祉用具専門相談員の力を借りました。福祉用具専門相談員は、介護保険サービスでレンタル可能な杖、手すり、電動ベッドなど、福祉用具の提案や販売を行なってくれます。利用する側の身体の状況に応じて、用具の選び方や使い方までアドバイスしてくれます。

わたしは、その相談員の方に、父が使う電動ベッド、ポータブルトイレ、尿器、ベッドの上で食事をするためのサイドテーブルを提案してもらいました。電動ベッドは種類が多く、どのメーカーを選べばいいのかわからなかったのですが、部屋の広さや用途を伝え、父に合ったベッドを選んでもらい、設置や組み立てまでやってもらいました。電動ベッドやサイドテーブルは、父が亡くなったあと返却できるようレンタルにしました。父の場合は1割負担だったので、月数千円程度の出費で済みました。

福祉用具専門相談員からは、福祉用具が掲載された介護用品カタログをもらえます。カタログには浴槽用手すりや浴槽内いすなど、介護に必要になる福祉用具が多数掲載されています。相談員に家の中を見てもらい、これから必要になりそうな福祉用具を質問してみるといいと思います。

そんな福祉用具のプロに、わたしが介護で活用しているツールをいろいろと紹介してみたところ、カタログ以外のものは知らなかったようで、驚いていました。

介護保険サービスと介護保険外のサービスを組み合わせると、介護の幅が大きく広がりますが、ツールに関しても同じことが言えます。相談員の提案する福祉用具を、介護保険を使って安く利用しながら、**介護とはまったく無関係なツールも、介護に利用してしまう視点を持つと、より介護が楽になります。**ちなみに、『MONOQLO』（晋遊舎）という商品紹介・批評をする雑誌で、認知症介護がはじまった40代男性と、誰でも簡単に手に入る便利ツールを介護に生かす連載をやっており、わたしもアドバイザーとして、毎月登場しています。

進化した固定電話の驚くべき4つの機能

みなさんは固定電話を利用していますか？　固定電話の契約数は1997年のピーク時と比較して、約3分の1以下まで減少したそうです。もし、固定電話はあまり活用していないからと、解約して家族に携帯電話を持たせて見守りを考えている方がいるとしたら、ちょっと待ってください。**固定電話が見守りの最強ツール**になる可能性があるからです。

アメリカに住んでいる日本人が認知症になると、日常会話で使っていた英語が話せなくなって、母国語である日本語を話し出すことがあるそうです。これは、認知症の人が昔のことはよく覚えていても、最近のことは覚えていないという症状と合致します。

電話はどうでしょう？　小さい頃に携帯電話がなかった高齢者は、認知症の進行により、携帯電話が使えなくなる可能性があります。母も携帯電話の使い方に戸惑うこともあるのですが、固定電話は今でも問題なく使うことができます。

実家にはインターネット回線がなかったので、工事不要のwimaxを利用し、ネット経由で見守りカメラを利用していました。しかし、回線が不安定だったのと、いずれ遠隔で電化製品をコントロールする予定だったので、光回線の工事をしました。介護者の中には、Iot技術を使ってエアコンの温度調整や、テレビの電源をコントロールしている人もいます。

わが家では回線工事と同時に、固定電話を「ひかり電話」に変更した関係で、固定電話の電話機を約30年ぶりに新しくしたのですが、備わっている4つの機能が介護にも役立つことがわかりました。

ひとつ目は、非通知、フリーダイヤル、0080で電話してきた人は、着信を受けつけないという機能です。着信音がまったく鳴らないので、母は受話器を取ることがありません。それでも着信履歴はしっかり残るので、その電話番号をネットで検索してみると、健康食品、太陽光パネル、リサイクル業者からの勧誘電話でした。昔は、電話帳に個人の電話番号や名前を載せていたので、おそらくその頃の電話帳で調べて、業者が勧誘電話をかけてくるのだと思います。また、特殊詐欺と言われる**「オレオレ詐欺」「還付金請求」「架空請求」対策のため、固定電話の電話帳に登録している人以外からの電話は鳴らない設定**にしました。

ふたつ目は、自動録音機能です。認知症の母は電話を取って会話はできても、電話が終わって2分後には用件をすべて忘れてしまいます。そのため、わたしが電話のそばに行って、電話が終わった直後に用件を聞くようにしていました。わたしが電話を取ればいいのですが、誰かと会話する機会を奪ってしまうのが嫌なので、わざわざ母に電話を取ってもらっていたのです。自動録音機能は、自分から発信した電話の内容、着信した電話の内容をすべて録音します。家族が不在のとき、必要のない健康食品を電話で注文しても、その内容を確認すればクーリングオフができる可能性があります。機種によっては、電話の発信を制限できるものもあるので、テレビショッピングなどで購入してしまう高齢者がいるご家庭は、こういった固定電話の導入を検討してみるといいかもしれません。

3つ目は、見守りモーニングコールの機能です。指定した時刻に自動で電話が鳴り、受話器を取ると日替わりのメッセージを再生するという仕組みです。もし、そのモーニングコールに出ない場合、登録した電話へ「見守りモーニングコールに応答がありません。すぐに確認してください」と連絡が入ります。特別な費用をかけずに、安否の確認ができます。

4つ目は、緊急呼び出し機能です。緊急呼び出しボタンを別途購入して、固定電話と連携させます。防水機能がついているので、トイレ、お風呂、脱衣所などにも設置が可能で、最大10個まで連携できます。緊急ボタンを押すと、まず自宅の固定電話が鳴り、家族がその電話に気づかない場合は、登録しておいた電話に連絡があります。

ガスや電気ポットなどの使用で見守りを行なうサービスは、月額数千円の費用が別途必要になります。しかし、**固定電話の機能を利用した見守りは、電話の基本料金だけで、追加費用がかからないものがほとんど**です。ぜひ固定電話の機能を活用して、見守りをはじめてみてください。

コミュニケーションロボットの活用で、要介護者の生活が活発になる

インターネットの進化のおかげで、わたしの介護環境は大きく変わりました。民生委員やご近所、ボランティアなど、人の目による見守りはもちろん大切なことですが、わたしが希望するタイミングで見守りをしてもらえる保障がありません。そのため、ツールが使えるところは積極的に活用して、介護をもっと楽にしようと考えました。

わたしはある企業のモニターとして、介護用の会話ロボットの実験に数か月参加しました。そのロボットを導入して、認知症の母に今日の予定をお知らせする役割を担ってもらいました。

「今日はデイサービスの日だよ。9時にはお迎えが来るから、準備してね」

「今日はヘルパーさんが買い物に来てくれる日だよ。何を買いたいか、考えておいてね」

こういった文言をわたしがパソコンで入力して、設定した時間にロボットに話してもらいました。母も最初は「ロボットなんて」と言いながらも、使っているうちに、「かわいい」と言って喜んでいました。

14時になったら、「今日もはりきっていきましょう!」とロボットに言ってもらうことで、母の昼寝の時間が減るという効果もありました。また、母は明日の予定をわたしに何度も聞くので疲弊することがよくあったのですが、ロボットを使って何度も言ってもらうことで、わたしのストレスも軽減しました。

母に合いそうなロボットを探しに、高島屋の新宿店・大阪店にあるロボティクススタジオにも行きました。複数の会話のできるロボットを一度に体験でき、ロボットの特徴の説明や、デモもやってもらえます。現在、富士ソフトの「PALRO」や、ユカイ工学が開発した「BOCCO」の購入を検討しています。

経済産業省が行なったコミュニケーションロボットの実証実験では、約900人の要介護者のうち、34%の人の生活が活発になるという効果も出ています。介護施設などではロボットを導入しているところも増えてきているので、在宅介護でも近く普及していくものと思われます。

「スマートリモコン」で電化製品を遠隔操作する

あらゆる家電がネットにつながる時代になりました。「スマートリモコン」によって、家中の家電をコントロールできます。

まずコントロールしたい家電の筆頭は、エアコンです。とくに、夏場は高齢者の熱中症が心配です。エアコンを使いたがらない高齢者は多いので、遠隔操作で部屋のエアコンの電源を入れたり、温度や湿度をコントロールしたりできます。赤外線式のリモコンを、スマートリモコンに登録することで、既存のエアコンの室温や湿度、電源のON／OFFを、スマホでコントロールできるようになります。認知症の母は、温度や湿度の意味がわからないので、近くスマートリモコンで遠隔操作をする予定です。

訪問者の対応も、遠隔で行なうことができます。プラネックス社で発売中の「SpotCam-Ring」は、訪問者がドアベルを押した瞬間、スマホに訪問者の動画が映り、インターホン越しのやりとりを、スマホを使って行なうことができます。固定電話で勧誘の電話はシャットアウトできますが、自宅に来る訪問販売にはこれが効果的です。この商品があれば、訪問販売業者と介護者が直接会話することができるので、業者は「この家はひとり暮らしの高齢者の家ではないな」と勘違いして、次回から訪問しなくなるかもしれません。

SpotCam-Ringをナースコール的に利用している方もいます。ドアベルのボタンはベッドのそばにも設置可能で、緊急時にそのドアベルを押せば、スマホを持っている家族とすぐテレビ電話のように話すことができます。

わが家はパナソニックの「どこでもドアホン」を設置して、訪問者を録画しています。リフォーム業者、産地野菜の販売、宗教関係など、様々な訪問者が録画されています。彼らは身分証を首からぶら下げているので、録画映像から会社名を特定しています。

ただし、望まない訪問に対する根本的な解決までには至らず、わたしの帰省時にタイミングよく訪問販売が来てくれれば、「息子が同居しているぞ」というアピールのために、わたしが応対するようにしています。

介護に役立つ道具《ツール》ってどんなもの？
それは私、福祉用具専門相談員におまかせを！
カタログ
カタログ
と、いうのはもちろんですが市販品の中にも便利なものがたくさんあります
その1 固定電話機
へっ？便利？
どこが？
？
その2 会話ロボット
今日は○○の日だよ
9時にお迎えが来るよ
今日も元気にガンバロー
かわいいねー
ワ〜イ ワ〜イ♡
メッセージ内容と時間を入力すると話をしてくれる
私たちの代わりに1日中見守ってくれているのね
ヘルパー
おもちゃ同然だと思ってた
スマホ？ ケータイ？
！
RRR
認知症でも固定電話なら使える人も多い
着信拒否設定
自動録音
緊急呼び出し機能
勧誘や詐欺を防げます
見守りコール
しかも電話基本料金でOKなんです
えーーっ それはすごい！ 知らなかった
その3 スマート家電
エアコン
カメラ付きドアホン
テレビ
温度設定、ON・OFF、来訪者確認
スマホでコントロール
熱中症がこわいからね
ベッドの側に設置してテレビ電話代わりにできる
おやすみー
おやすみー
目からウロコが落ちました

介護の孤独を「SNS」で解消する

ざっくりポイント

・介護者はSNSで「アザコン」になりやすい
・リアルな世界を想像しながら、ほどよい距離感をSNSの中でも保つ

ゆるいつながりが心地いいSNS

わたしはTwitter、Facebook、InstagramといったSNSを介護にも活用しています。SNSのメリットは、全国の介護仲間とゆるいつながりを持てることです。一方で、会社の上司や人事部への介護の相談は、自分の今後にも会社にも大きく影響することなので相談しづらいという人もいますし、親族への相談も、介護の役割の押しつけ合いや介護費用の負担で、大ゲンカになることもあります。

職場や親族は、すぐ相談できる身近な人ではありますが、介護知識もないままに一方的に意見を押しつけたり、感情的になってしまったりして、冷静さを欠いてしまうこともあります。わたしがSNSで交流する介護仲間は、リアルでは会ったことのない人がほとんどです。しかし、上下関係がなく、フラットな立場で介護について語り合うことができます。**とてもゆるいつながりなので、「こんなこと相談していいのかなと思えることも、気軽に相談できます。**

わたしはSNSに加え、介護ブログも運営しています。実際お会いしたことはないけれど、何度もコメントのやりとりをした方は、全国各地にいます。介護の悩みや対処法、介護に役立つ本の紹介など、まるでネット上で介護カフェを運営しているかのような感覚です。思いもよらぬ介護の知恵を授かったり、励まされたりしますし、介護の孤独からも解放され、誰かとつながっているという安心感もあります。

そんなみなさんも、時にわたしの講演会でお会いすることがあり、「いつもブログやSNSを見ている」「本を読んで励まされた」と声をかけてくださります。けれども、たとえ一度もお会いしたことがない人でも、今までのSNS上での言葉のやりとりだけで、気持ちは十分つながっていて、なぜか再会したような感覚になるから不思議なものです。

SNSで注意したい「アザコン」や嫉妬との戦い

介護者がSNSを利用するときに気をつけたいのは、「アザコン（アザーコンプレックス）」です。これは、他人が自分をどう見ているか、どう評価しているかを気にしすぎてしまうことを言います。たとえば、SNSを1日に何度もチェックして「いいね」がついているかどうかを確認したり、フォロワー数を増やそうと、いつもの自分を逸脱した演出をしたり、いい人を演じすぎて疲れたりすることも、アザコンのひとつです。**介護者はとくにアザコンになりやすく、SNSで嫉妬してしまいがち**です。

普通に働いている会社員がうらやましい、旅行している友だちがうらやましい、介護離職する前の会社の飲み会が楽しそうなど、他の人には何でもない日常が、介護している人から見ると、うらやましいと思うことがあります。

「わたしは介護のせいで自分の生活を犠牲にし、社会とも接点がないのに、他のみんなは充実した生活を送っている……」

「この人、『介護がつらい』とか言ってるけど、わたしのほうがもっと大変な思いをしている……」

リアルの世界では見えない友人の動向が、SNSによって可視化されることにより、ゆるいつながりというメリットを忘れ、自分勝手に相手との距離を詰め、イライラしてしまう……。

わたしもSNSの投稿で嫉妬したり、遠い存在の人を勝手に近くに感じたりすることがよくあります。そんなときは、「もしこれが実生活だったら、そこまで気にかけるかな?」と考えるようにしています。おそらく実生活で連絡を取り合ってない人は、そこまで動向を追う必要がないでしょう。

家からなかなか出られず、孤独に介護をしている人も、SNSをうまく活用すれば、ネット上に介護仲間ができるかもしれません。

マンガで読む！じっくりポイント【介護の孤独はSNSで解消できる？】

高齢ドライバーの危険運転防止にも活用したい「ドライブレコーダー」

ざっくりポイント

- 「ドライブレコーダー」の機能は危険運転の防止に役立つ
- 高齢ドライバーのプライドを保つ「運転卒業証書授与式」がある

高齢ドライバーは自分の運転技術を過信している

ここ最近、高齢ドライバーによる自動車事故が多発しています。ニュースを見るたびに、気が気でないというご家庭も多いかと思います。わたしが参加した介護のイベントでも、「高齢で危ないので、なんとか運転をやめてもらいたい」「認知症の疑いがある状態なのに、勝手に運転してしまう」など、介護者の悩みは尽きません。**介護す**

る側は、被害者だけではなく、家族として加害者側になるリスクも抱えています。高齢ドライバーご自身は、自分の運転技術について、どのように考えているのでしょうか。

２０１６年12月に放送されたＮＨＫのテレビ番組『クローズアップ現代』の「どう防ぐ？　高齢ドライバー事故　徹底研究！」で、衝撃的なデータが紹介されました。「自分の運転技術があれば、事故を回避する自信があるか」という問いに対して、「はい」と答えた70代前半の高齢ドライバーは約45％、70代後半に至っては、なんと50％を超えていたのです。ちなみに40代に同じ質問をしたところ、「はい」は10％強で、50代でも20％に満たないという結果でした。

高齢ドライバーは若いドライバーよりも運転歴が長いため、自分の運転技術に自信を持っているようです。しかし、身体的な能力は若い人よりも劣っており、注意力、判断力に加え、加齢によって周辺視野も狭くなっています。

このアンケート結果は、いかに自分の老いを認めることが難しいのか、ということを示しているかもしれません。それゆえ、運転技術に自信のある高齢ドライバーに対して、「運転をやめて」と言っても簡単にはやめてくれませんし、むしろ激怒する可能性もあります。では、どう対応すればいいのでしょうか?

「ドライブレコーダー」で運転を見守る

わたしは、友人の車についていた「ドライブレコーダー」を見て、最初は「あおり運転対策に使うものだ」と思いました。しかし、ドライブレコーダーを高齢ドライバーの事故防止に使っている方とお会いしたことをきっかけに、その機能について詳しく調べてみました。

ドライブレコーダーは、運転状況の録画がメインの機能ですが、様々なオプション機能がついていて、それらが高齢ドライバーの危険防止の対策になるのです。たとえば、車線逸脱警告機能は、車が走行している車線をはみ出すと検知しますし、前方衝突警告機能は、前の車が急ブレーキを踏んだときに検知します。検知すると、レコーダーの表示や警告音で知らせてくれるので、事故防止の補助機能として役立ちます。

また、速度制限標識警告は、路上の速度制限標識を画像認識して、その速度を超過した場合にレコーダーの表示や音で知らせてくれます。「Gセンサー」がついている機種は、車の衝撃を感知すると、衝突時の動画を上書きせず、事故の証拠動画として録画が消えません。ＧＰＳが搭載された機種は、走行ルートを記録します。

また、高齢ドライバーの運転状況を、動画でチェックすることで、危険運転を把握できます。速度超過が多かったり、急ブレーキを何度も踏んだりしている場合、その人の運転技術を疑ったほうがいいかもしれません。

さらに、もう一歩進んだサービスとして紹介したいのが、オリックスが提供している「エバードライブ」です。このサービスは、高齢ドライバーが運転中に急加速したり、同乗者が不快に感じるレベルで急ブレーキを踏んだり、時速１００㎞を超える速度で運転したりした場合、家族にメールで知らせるというサービスです。どのルートを運転して、どこで急ブレーキを踏んだのかなども可視化されます。

もし、何かあった場合は、有料ですが緊急時に駆けつけてくれるサービスもあります。エバードライブのサービス自体は、月々２９８０円（税別）です。どうしても運転をやめてくれない人には、ありがたいサービスだと思います。

アクセルとブレーキの踏み間違えを防ぐペダル

高齢ドライバーによる、アクセルとブレーキの踏み間違いのニュースも増えています。警視庁の調べによると、**アクセルとブレーキの踏み間違えによる死亡事故の約半数が、75歳以上というデータ**があります。そういった踏み間違えを防ぐツールが、いくつか発売されています。そのひとつに、オートバックスが販売している「ペダルの見張り番」や、ナルセ機材有限会社が開発した「ワンペダル」という商品があります。ワンペダルは、事故防止のためにアクセルとブレーキを一体化させたペダルで、足を右に傾けるとアクセル、踏めば常にブレーキというもので、ペダルの見張り番を車に取りつけると、発信時などにブレーキやアクセルを踏み間違えたり、アクセルを強く踏み込んだりしても車は急発進しません。

地方は車がなければ生活できないって本当？

交通網が隈なく発達していない地方では、車がなければ生活ができません。その問題を解決するようなサービスが、地方で続々と登場しています。

京都府京丹後市では、「ささえ合い交通」という、ウーバーの配車システムを利用した仕組みがあります。ウーバーのアプリを使って行き先を指定すると、18名の地元ボランティアがドライバーとなって、通院や買い物に行ってくれるというサービスです。

福岡県北九州市では、「ジェロンタクシー」と呼ばれる、タクシー定期券の実証実験が行なわれました。70歳以上の高齢者限定のこのサービスは、自宅と指定の2か所（たとえばかかりつけの病院、いつも利用するお買い物店）を乗り放題できるタクシー定期券で、同乗者も追加料金なしで利用できました。残念ながら、このサービスはすでに終了してしまったのですが、新たなビジネスモデルとして拡大していくかもしれません。

高齢ドライバーのプライドを満たす「運転卒業証書授与式」

東京都大田区田園調布では、高齢ドライバーの運転卒業証書授与式が行なわれました。運転免許の自主返納のことですが、警察署長、交通安全協会会長が出席します。運転卒業式のいいところは、警察署長のような偉い人から表彰してもらえば、高齢ドライバーのプライドを傷つけることなく、免許の返納が達成されることです。全国でも同じような卒業式が実施されているので、「運転　返納　卒業式」といった検索ワードで、ご自分の管轄の警察署が実施しているかチェックしてみてください。

運転免許を自主返納すると、免許証によく似た「運転経歴証明書」がもらえます。特典として定期預金の利子がアップしたり、補聴器を割引購入できたりといったものが自治体ごとに決められていて、何かしらの恩恵を受けられることになっています。

「頼むから、もう車の運転はやめて」と説得したところで、高齢ドライバーはなかなか運転をやめてくれません。最新ツールやサービス、運転卒業式でプライドを満たすなど、正攻法ではない説得を検討してみてください。

高齢ドライバーの自動車事故、心配ですよね
もう運転をやめてほしい！
家族として加害者になってしまったら…
なんと高齢者ほど自分の運転技術を過信しています
事故なんぞしない
45%
70代前半
ありえん
50%以上
70代後半
ゲゲッ！
事故回避に自信ありってうそでしょー
こわーい
「なんとか事故を防ぎたい」そんなときは、
①ドライブレコーダー
録画機能だけでなく様々な危険を警告してくれます
プーッ
プーーッ
車線逸脱
前方衝突警告
速度超過
危ないだろ
ブツブツ
ウソだ、これはワシじゃない！
この他にもGPSで走行経路を記録できるものも！
②見守り、駆けつけサービスに加入する
月々3千円弱で高齢ドライバーの異常運転をメールで知らせてくれる
別途有料で駆けつけサービスもある
速度超過
③踏み間違い防止ペダル
アクセルとブレーキを一体化 踏み間違いを防げる
踏み込むと常にブレーキ
また危ない運転してたね、もうやめてくれよ
車がないと生活できん、絶対イヤダ！
④ライドシェアサービスやタクシー券の支給
地域の登録ドライバーがマイカーに乗せてくれる
う〜ん これなら…
⑤「運転卒業式」をする
長年の安全運転ありがとうございました
立派な式をしてもらえてプライドも満たされる
ホッ
これがあれば自治体ごとの特典を受けられる
運転経歴証明書

第6章

それでも介護のために仕事を辞める！

——介護離職の心得

介護離職もリストラも同じこと

ざっくりポイント

・「介護」という退職理由は、会社を辞める理由の最強カード
・やむを得ず介護離職する人もいれば、会社が嫌で介護離職する人もいる

2度の介護離職から感じたこと

介護離職してしまうというのは、すなわち収入がなくなるということを意味します。たとえば、「40代、50代で会社を辞めてしまったら年齢的にも再就職できないから、介護離職は絶対にしてはいけない」などともよく言われます。一方で、介護と仕事の両立が厳しい職場に勤めている人、自ら介護がしたくて介護離職する人、介護によって自分の心身が疲弊して介護離職せざるを得ない人、わたしのように祖母と母のダブ

ル介護が突然はじまってしまう人など、**介護のために仕事を辞めざるを得ないケースも多々あります。**

第4章では、介護離職をしないで、介護と仕事を両立する方法を紹介しました。この章では、あえて介護離職をするという選択について紹介します。

これだけ働き方も稼ぎ方も多様化し、副業が可能になっているのに、介護と仕事の両立という話になると、会社勤めとの両立を前提とした議論ばかりになっています。他の選択肢は、本当にないのでしょうか？

どんなに景気がよくても、リーマンショックのような不景気が突然やって来て、会社の業績が急激に悪化することがあります。今、ネットバンキングやフィンテックによって、メガバンクを中心に、過剰な店舗の整理・統合や銀行員のリストラが進んでいます。

景気の影響や技術革新によって、突然仕事がなくなったり、リストラに遭《あ》ったりするのは、介護が急にはじまるときの感覚と似ています。まさか自分がリストラの対象になるなんて、まさか会社の業績がこんなに悪化するなんて、まさか自分が介護することになるなんて……。しかし、予期していないことが突如として起こるのも人生です。**介護もリストラも、40代・50代の会社員が経験する可能性が高く、どちらも突然収入を失い、社会のレールから外れるという共通点があります。**中には、リストラされた上に、介護もはじまってしまったという方もいます。

介護がはじまったら、人生終了？　決してそんなことはありません。わたしが2度の介護離職から感じたこと、そしてこれからの未来と介護離職について紹介していきます。

介護離職が「渡りに船」という人たち

介護を理由に会社を辞める人のことを、どこか「かわいそう」という目で見る人もいます。「40歳という働き盛りでの介護離職は、再就職や転職といった、社会復帰の道自体をあきらめてしまうということですね」と言われたこともあるのですが、みなさんが思っているほど、わたしはかわいそうでもなかったし、むしろラッキーとすら思っていたのです。

当時、マネジャー職だったわたしは、朝から晩まで、ほとんど自分の席にいることがなく、会議ばかりの毎日でした。不毛な会議や社内調整に嫌気がさしていたわたしは、「いつか転職しよう」という気持ちになっていました。この会社であと3年がんばるか、いや2年もつか……。休日なのに、会議のこと、職場の難しい人間関係のこと、いつまでも終わらない仕事の数々のことで頭がいっぱいで、まったく心が休まる気がしませんでした。そんな悩み多き毎日の中、突然、岩手にいる母から電話があったのです。「おばあちゃんが倒れた」。祖母が倒れたショックと同時に、心のどこかに芽生えた安堵の気持ち。「これで仕事が辞められる……」。そう思えたのです。

自分のキャリアに傷をつけずに辞められる介護離職

結局、わたしはその会社に入社してから、わずか1年1か月で退社することになりました。介護離職の準備はできていたので、転職するつもりもなく退社したのですが、もし転職活動をしていたら、年齢や1年ちょっとしか働いていないキャリアが傷となり、間違いなく苦労したはずです。過去に、在籍して2年で会社を辞めた経験があるのですが、転職面接で何度も、「たった2年で退職された理由は何ですか？」と質問されました。

職場の人間関係がうまくいかなかった、社風が合わなかった、待遇が入社してみたら違っていたなど、本音の退職理由はたくさんあっても、面接でそれを言ってしまったら内定は遠のきます。たとえ会社が嫌で退職したとしても、「自分のキャリアアップのためです」という綺麗事を言うのが、転職活動の基本だからです。

しかし、もし退職の理由が「介護」だとしたら、どうでしょう？　たとえ1年在籍せずに会社を辞めようが、どんなに人間関係が嫌で会社を辞めようが、**「介護が理由」というだけで、すべて許されてしまうのです。**「介護」という退職理由はそれだけの力があるので、介護していない人でも「嘘の」退職理由として利用する人が多いのもそのためかもしれません。

また、「介護」は上司や部下、会社が納得し、なおかつ自分のキャリアにも傷がつかない退職理由になります。退職することで同僚や上司の仕事や役割が増えるかもしれませんし、快く思わない人もいるでしょう。それでも介護が退職理由なら、「介護だったらしょうがないよね」と言ってくれるので、こんなに好都合なことはありません。

育児・介護休業法という選択を考えた、でも……

もし、育児・介護休業法も、介護保険サービスも把握している今の知識を、介護離職する前の自分に伝えることができたとしても、わたしは会社を辞めるはずです。

仕事のモチベーションが上がらない状態で、介護と仕事の両立をしてしまっては、自分がさらに疲弊します。朝9時に出社し、夜10時まで仕事をする毎日。管理職という立場。決して充実しているとは言えない会社の介護制度。転職してまだ9か月間だったため、使えない介護休業。こういった条件に加え、介護がはじまっていなかったとしても、辞めたかったのが本音です。わたしの介護離職は、自ら希望した部分が大きく、介護のスタートは、まさに「渡りに船」だったのです。決して介護離職したことがかわいそうでも、気の毒でもないわけです。わたしと同じ理由で、介護離職を経験した人に会ったこともあります。

介護がはじまる前から会社への不満やストレスが大きい場合、介護をきっかけに介護離職してしまう人もいます。自らの意思で、介護離職の道を選ぶこともあるのです。

介護離職する理由って何？
仕事との両立が難しいから？
介護で疲れきってしまったから？
もともと会社を辞めたかったから！
えっ？そんな理由で？
実はそういうのも「アリ」ですね
会社を辞めるのは様々な不満や悩みがあってのことですが
仕事内容
人間関係
給与
待遇
残業
くっそーやってられない
「介護」を理由にすると
よしっ！
介護なら仕方ないな…
なんかスッキリしてる
およっ？
会社も納得しやすいのです
もちろん本当に介護している場合も…
仕事がきつい上に介護でヘトヘト…やる気が出ない…
こんな状態が続いては疲弊するだけ！「介護でやむを得ず」という理由ならキャリアに傷はつきません
退職の理由は？
親の介護で…
なるほどわかりました
再就職の際に面接官も納得
介護と仕事を両立できる人でもあえて介護離職を選ぶ人もいます
○山くん、会社辞めちゃうの？仕事と介護が大変だから？
あっ、△△さん！いや実は両立できてたんだけど、もともと会社に不満があったからね…
いいきっかけにしたってこと！じゃ、さよなら
鈍感バカ〜〜
人の気も知らないで
スッキリ〜
あらら〜

天職の見つけ方

ざっくりポイント

・インプット重視ではなく、アウトプット重視で天職を探す
・安定した仕事をしながら、いろいろなことにチャレンジする
・介護離職というしんどいイベントも、天職が見つかれば乗り越えられる

「禍《わざわい》を転じて福と為《な》す」という発想

わたしは会社員時代、会社への不満は常にあったものの、自分が何をやりたいのか、さっぱりわかりませんでした。

1度目の介護離職ですべてを失ったと思ったのですが、父が元気になるにつれ、わたしにはどういう道があるのかと悩んだ結果、また会社員の道を選びました。会社員として働きながらも、何か他の道はないだろうかと考えていましたが、なんとなく副

業としてブログをはじめ、介護離職したあとは、そのブログを中心に、フリーランスとして生きていくという選択をしました。「禍を転じて福と為す」と思えるのも、今の仕事が天職だと思っているからです。

会社員として約18年間働きながら、「自分にとっての天職は何だろう?」と問い続けました。サラリーマン大家になるために、不動産投資の勉強をしたこともあります。株式投資やFXで資産運用をしようと、投資の勉強をしたこともあります。しかし、どれもうまくいかず、勉強だけして実践せずに終わったものもありました。興味のないジャンルのブログをたくさん立ち上げ、継続できずに閉じてしまうこともありました。

本業の会社員としても、自己投資は相当やりました。外資系企業に英語力のないまま入社したわたしは、サラリーマンの平均年収くらいの新車が2台分買えるほどのお金を、英会話学校に使いました。しかし、自分が英語を使って仕事がしたいわけではなく、社内で英語ができないという負い目を解消するためだけにがんばっていたことに、あとから気づきました。

たくさんチャレンジして失敗しておく

年を取ると、新しいことをはじめるのが億劫《おっくう》になったり、行動するにも「はじめの一歩」がなかなか踏み出せなかったりすることが多くなります。**しかし、若くてお金を稼いでいるうちに、安定した収入があるうちに、小さなチャレンジを繰り返して、失敗もしておくことをおすすめします。**そうやってチャレンジしたことが、介護離職をして、会社を辞めたあとの人生につながることもあるからです。

わたしは40歳からセカンドキャリアがスタートし、しかもそれが天職となる「物書き」だとは思いもよりませんでしたが、これもたくさん失敗してチャレンジした結果だと思います。そんなわたしの「変わった」生き方は、ある本でこのように紹介されました。

「男性介護者といえば虐待や暴力といった〝事件〟に焦点が当たりがちだが、近年は介護を排除せず〝共存〟しようという生き方を見い出す、新しいライフスタイルの〝けん引者〟たちが出てきている」

うれしくも照れくさい紹介文ですが、これだけ働き方もテクノロジーも大きく変化している時代に、何もチャレンジしないままに、介護に直面したことで自分の人生を押しつぶされると考えるのは、本当にもったいないと感じます。働き方も稼ぎ方も、いろいろな可能性があるのです。

わたしは、会社員時代に仕事を通して何度もプレゼンした経験は、介護の講演に役立っていますし、企画書を書いた経験は出版のときに役立ちました。社会人として積み重ねてきた経験は、介護においても、この先の人生においても必ずどこかで役に立つ日が来るのです。

介護のつらさを、嫌いな仕事で増幅させたり、ムリに両立をしようとするのではなく、好きな仕事、やりがいのある仕事、楽しい仕事で、介護のつらさを相殺する、そんな仕事を見つけるチャレンジを、いくつになっても続けてほしいと思います。わたしはこの仕事が本当に楽しくて、仕方ありません。

本当にやりたいこと、自分探しで悩む人多いですよね
そんなときはとりあえずやってみる！
あれも
これも
手当り次第！
とりあえず？そんな無責任な…
でも考えているだけでは何もはじまらないのでは？
ええじゃないかええじゃないか失敗してもええじゃないか〜
？
自分探しチャート
START
とりあえず何かやってみる
失敗
あきらめない
それなりの収獲がある
自分に合わないことがわかる
やった分の経験や知識が残る
ライオンハートで超ポジティブシンキング
まだまだ〜
あきらめる…
自分探し断念
ラッキー
成功
自分に合った天職が見つかる！
楽しい、うれしい
介護のつらさも苦にならない
GOAL!
失敗の原因を考え次の挑戦をする
新しい発見や出会いがある
ま…まだまだ〜
ハアハア
介護離職後に自分探しをするのは危険です
イエローカード
そんな余裕あるんですか〜
若さ、お金、行動力があるうちに
いろいろなことにチャレンジしてみてー
ええじゃないかええじゃないか若いうちならええじゃないか〜

60代から拡大する人間力の格差

ざっくりポイント

・社会とつながりがある60～70代の方に会うと、みなイキイキしている
・60～70代のみなさんから見たら、今のあなたは相当若い
・何かをはじめるのは「今」が一番のタイミング

人間としての個体差は、年を取るごとにどんどん開く

自分が介護をするようになって、60代や70代の方とお会いする機会が増えました。その世代の方々を見ていて思うのは、年を重ねるにつれ、人間としての「個体差」はどんどん広がるということです。わたしが思う「個体差」とは、見た目や健康状態など身体的なもの、精神面、会話の中身などに関してのことを言います。

30代から50代は、社会との接点があるので、会話の中身もギャップを感じませんし、

見た目にもそこまで大きな個体差はありません。ところが、60代をすぎたあたりからその差がどんどん拡大し、70代、80代になるとその差は歴然です。

これはどこからくるのか？　わたしは「社会とのつながりの量」の差だと思っています。**社会とつながりを持った60代、70代のみなさんは本当にお元気で、健康に気を配っているし、見た目も若いです。**起業されている方、地域のために活動している方、ご自身の介護経験を社会に還元している方など、元気な方々を見て、わたしもそんな60代になりたいと思っています。

40代、50代の会社員なら、会社の定年までを目標に、とりあえず仕事をがんばる方も多いと思います。しかし60代になり、会社の看板や肩書きが消えたとき、新しく何かをはじめて、社会とのつながりを保つことができるでしょうか？　時間ができる定年退職後に、好きなこと、やりたいことはすぐに見つかるのでしょうか？　仕事に没頭するあまり、定年後になっても好きなことが見つけられなかったという方もいます。

40代、50代で体も頭も元気なうちから、60代以降にどう社会とつながって生きるのかを、模索してほしいのです。

今から行動を！

今、この時点で何も行動を起こしていなければ、10年後、20年後も何も変わりません。何か行動を起こしているから、未来も変わっていくのだと思います。中には会社員人生で疲弊してしまったためか、人生の消化試合をはじめた60代の方にお会いすることもあり、同じ60代でもこれだけの差があるのかと感じます。

会社員の頃は、もう若くないとばかり思っていたのに、60代、70代のみなさんから見ればまだまだ若いということを、全国各地の講演会場で「工藤さんはまだお若い、これからですよ」という言葉とともに教えていただいています。

介護離職したおかげで、たくさんの元気なシニア世代の方と交流しています。あなた自身の60代以降の人生を豊かにするためにも、今から何か行動を起こしてみませんか？　**何かをはじめようと思ったあなたにとって、「今」が一番若いタイミングです。**

マンガで読む！ じっくりポイント【何かをはじめるなら今！】

介護に向いている「フリーランス」という生き方

ざっくりポイント

・たくさんの肩書を持つという働き方は、自分自身のリスクヘッジになる
・介護していること自体が、その人の商品価値となる時代

「スラッシュキャリア」って何？

みなさんは「スラッシュキャリア」という言葉を聞いたことはありますか？　複数の肩書きを「スラッシュ（／）」でつないだことから名づけられているようです。そんな複数の肩書のあるプロフィールを見たり、名刺をもらったりしたことがあるかもしれません。

わたしは40歳で介護離職をして、突然フリーランスとして社会に一歩踏み出したと

き、人に誇れるような信頼も実績も、何もありませんでした。あるのは介護離職をしてしまったというネガティブな事実だけ。遠距離介護をして、ブログで発信するだけの単なる「ブロガー」でした。貯金とブログによるわずかな収入しかなく、年収は会社員時代の5分の1まで落ち込みました。最初の1年は、ブログへのアクセスが1日数人しかなく、いつブログを閉じてもいいくらいでした。しかし、ブログに継続して記事を書き続けていると、急に読まれるようになってきたのです。その後も地道に継続しているとアクセス数が増えていきました。

ブログでアウトプットを続けていると、介護コラムの連載の仕事や、週刊誌などのメディアからの介護の取材が増えていきました。さらに本を4冊出版することができ、今では全国から講演の依頼が増えています。著作は台湾で翻訳され、台湾の書店で読書会が開かれました。主催者から、台湾の認知症介護にも役立ったという連絡をいただきました。わたしの名刺には「介護作家／ブロガー」と表記されていますが、病院の非常勤、講師業、YouTubeの番組『認知症なんでもTV』のMCの仕事も増え、今のスラッシュキャリアは「介護作家／ブロガー／講師／病院の非常勤／MC」と変更できるかもしれません。

書くことが仕事の軸にはなっていますが、毎年、収入のポートフォリオは大きく変化していて、来年の収入の柱が何になるのか、正直わかりません。ただ会社員やブロガーだけだった時代と比べると、収入が分散されているので、ひとつの仕事を失ったとしても、他の仕事でカバーできるようになりました。

ただし、それでも会社員時代の年収に追いついていないので、お金という評価軸の上では成功しているとは言えません。しかし、**人生の満足度や充実度で評価すれば、フリーランスの今のほうが、会社員時代の10倍くらい評価が高いです。**それに、年収は増えていなくても、時給に換算すればフリーランスのほうが断然高いです。時給が高くなった理由は、勤務時間です。会社員時代は朝9時から夜10時まで働いていました。今は、平均して1日3時間くらいしか働いていません。しかも、勤務時間の拘束はありません。自由にオンオフを切り替えることができるのは、介護者にとってありがたい環境と言えます。

介護に向いているフリーランスという働き方

フリーランスになって6年目になり、わたしは介護者である自分の商品価値が少しずつわかってきたような気がします。みなさんが思っている以上に、ご自身の「普通の」介護経験を発信することで、他の介護者に驚くほど感謝され、救ってあげることにもつながります。介護者たちは、学術的でない日常の介護の情報に飢《う》えています。

介護がはじまった、介護離職してしまったことで、社会のレールから外れる、みんなと違うことに不安を感じる人もいるかもしれません。しかし、これからはみんなと違うことに商品価値が生まれる時代になると、わたしは思います。

たとえば、**介護経験のある上司は、その実体験から企業にとって介護離職防止の切り札になります。育児を経験している上司はいても、介護を経験している上司は少ないです**。その経験で得たアドバイスなどはかけがえのない価値があり、たくさんの部下の介護離職を防止したら、それも評価になると思います。

今は会社という組織、オフィスという場所などの縛りが多いと思うのですが、この働き方は少しずつ変化していき、おそらくわたしのようなフリーランスっぽい働き方が増えてくると思います。会社員であっても、そうでなくても、時間を自分の好きにコントロールできるような働き方をすれば、介護はかなり楽になるのです。

介護離職したけど再就職を考えている人いますよね
フリーランスで働くのはどう？
人と違うことをするのはちょっとね
うーん
収入が不安定でしょ？
私にそんな能力や価値があるとは思えないし…
やっぱりマイナスイメージが強いですよね
フリーランスのメリット
労働時間や場所が自由自在
収入は不安定だが満足度や充実度が高い
能力次第で複数の仕事ができる
拘束時間が短くて介護しやすい？
満足度!? 仕事が楽しくなるの？
ひとつがダメでも他でカバーできる?!
介護と仕事を両立させるのにピッタリの働き方では？
でも趣味や特技もないし…
介護の経験しかないし…
そんな知識で仕事になるとは…
それぞれそれでいいんです
介護の状況は人それぞれみんな違いますあなたの経験が誰かの助けになるとしたら？
実母と義父の同時遠距離介護をしてました
すごーい
え～
私は仕事しながら母の介護を15年続けてるんです
私は事故で寝たきりの夫の介護を…
自分の価値は自分ではわかりにくいもの、情報発信すれば客観視できますよ
SNSやブログ
メディアが注目
本の出版・講演依頼
職種が拡大
収入増加

「働き方の未来2035」から見る未来の介護

ざっくりポイント

・働き方自体が自由になると、介護や子育ての時間を容易にとれるようになる
・勤務時間という指標が消え、会社に所属する意味も薄れてくる
・好奇心を持ち、時代の変化の兆しを感じることが、介護負荷の軽減につながる

個人が複数の会社と、プロジェクト単位で仕事をする

みなさんは、厚生労働省が発表した「働き方の未来2035」を読んだことがありますか？　飛躍的な技術革新が進み、わたしたちの働き方も大きく変化するという内容の報告書です。介護離職問題や、介護と仕事の両立、介護と育児の両立で悩んでいる会社員も、きっと技術の進歩で救われる未来がやってくるかもしれません。

この報告書には、働く人の介護の未来像も描かれていて、介護休業制度を使った、

現在の介護離職対策とは一線を画す内容になっています。

「働き方自体がより自由なものに変わっていく結果、自ら介護や子育てを行ないたい働く人が、相応の時間を割いたり、仕事を休んだりすることが容易になっているはずである」

なぜ、そのような未来が実現するのかというと、**今よりも高速通信が実現し、どこでも働ける環境が整う**からです。会社に出勤せず自宅で働くテレワークも、高速通信の進化によって、リアルな会議と差がないくらいにまでなると言われています。

「2035年には、各個人が自分の意思で働く場所と時間を選べる時代、自分のライフスタイルが自分で選べる時代に変化していることこそが重要である。技術革新の成果はそのために積極的に活用されるべきだ」

たとえば、9時までに会社へ行き、18時に帰るといった「時間」という横並びの指標は消え、会社に所属する意味も薄れてくると言われています。個人が複数の会社と、プロジェクト単位で仕事をしていくと報告書には書いてあります。そんな未来には、もはや正社員や契約社員、パートタイマーの区分は必要ありません。

わたしはフリーランスとして働いていますが、すでに「働き方の未来2035」を実践していません。まず通勤がありません。朝5時から仕事をして、8時にはスポーツジムで走っている日もあれば、その時間に母をデイサービスへ送り出す準備をする日もあります。介護はイレギュラーなことも多いため、確実に仕事ができる時間にまとめて仕事をして、あとは大きな余白をもって、認知症の母を介護しています。時間がなく、自分自身に余裕がない現代の働き方が、介護する人、される人の両方に、強いストレスを与えていると思います。

そしてわたしの仕事は、いつもプロジェクト単位です。出版は本を作るプロジェクトなので、本ごとに出版社も編集者も変わります。講演会も、主催者が毎回変わるので、講演する場所もテーマも変われば、講演料も変化しています。

好奇心を常に持ち続ける

会社員の働き方にも、すでに変化ははじまっています。たとえば、株式会社ザイマックスが運営しているモバイルワークオフィス「ちょくちょく」は、首都圏30か所以上にサテライトオフィスがあります。このオフィスと契約している法人なら、近くのサテライトオフィスに出勤することで、通勤時間を大幅に削減できます。家族に何かあって、介護施設などから呼び出されたとしても、職場と家が近ければ、迅速に対応が可能です。

既存の価値観のままで、介護と仕事の両立を考えるのではなく、働き方の未来を考えたり、進化したテクノロジーを利用したりすることで、**介護と仕事の両立は簡単に実現できる未来がそこまで来ている**のかもしれません。スマートフォンの登場で我々の生活が一変したように、テクノロジーの進化によって介護と仕事の両立の考え方も一変すると、わたしは思っています。

その変化に気づき、テクノロジーを活用するために必要なものは「好奇心」です。そして、好奇心を支える健康と体力も大切です。いくつになっても好奇心を持ち続けることが、より求められる時代なのだと思います。

マンガで読む！じっくりポイント【どうなる？働き方の未来】

第7章

できることはやった

――そう思える幸せな看取り方

元気なうちにどう死にたいのかを確認しておく

ざっくりポイント

・親を看取るときは、常に後悔がつきまとう
・生死にかかわることを家族が代わりに判断するのは、荷が重い
・どう死にたいかを確認するタイミングは、早ければ早いほどいい

看取り後に心残りがある人が多い

人生は、「死」によって終わりを告げられます。愛する人と幸せな最期を迎え、悔いなく、納得のいくお別れができれば、悩み苦しんだ介護の苦労も報われるというものです。

看取ったあとも、葬儀、お墓の用意、相続があるので、しばらくは落ち着きません。**身体的な介護からは解放されたとしても、残された家族がやるべきことはたくさんあ**

ります。ここからは、どうやったら悔いなく、納得のいく終わりが迎えられるかを、一緒に考えていきたいと思います。

厚生労働省の調査結果では、身近な人の死に心残りがある人に「どうしていたら心残りがなかったですか？」と質問したところ、「もっと痛みを緩和してあげたかった」「あらかじめ身近で大切な人と、人生の最終段階について話し合えていたら」「望んだ場所で療養できていたら」という回答が多かったことが明らかになっています（人生の最終段階における医療に関する意識調査・厚生労働省 2018年）。

わたしが介護が終わって看取った経験のある人の話を聞いたところでも、「本人の希望を前もって聞いていなかった」「死に目に会えなかった」「もっと一緒にいてあげればよかった」といった意見が多くありました。

わたしは父と祖母を看取りましたが、調査結果と同様、生前の祖母と話し合うことをしなかった、というかできなかったことが今でも心残りです。わたしが祖母の介護をすることになったときには、祖母はすでに認知症だったので、意思確認ができませんでした。その後悔もあって、父の看取りは後悔のないようにしました。

余命1か月と宣告され、弱った父に非情にも質問しまくったワケ

わたしには、一生忘れることができない医師の言葉があります。

「おばあさまは89歳とご高齢です。万が一、手術中に急変した場合、心臓マッサージを行なうことがあります。肋骨《ろっこつ》が折れてしまうことがあるのですが、それでも心臓マッサージを続けますか？」

わたしは、「認知症で何も判断できない祖母に、子宮頸がんで余命半年という事実や、心臓マッサージで肋骨が折れてしまうという事実は伝えませんでした。祖母は、たとえ何も判断できない状態でも、きっと心のどこかでショックを受けると思ったからです。穏やかに逝《い》ってもらうには何も伝えないほうがいい、わたしや残された家族が祖母に代わっての判断でした。

しかし、この代理判断が本当に正しいかどうかは、天国の祖母にしかわかりません。ひょっとすると天国で、「なぜ、あのときわたしに余命を知らせなかったの！」と激怒しているかもしれません。正解がわからない分、事あるごとに「祖母の代理で行なっ

た判断は正しかったのか」と祖母の死後、思うことがあります。

父の余命が「1か月から3か月」と医師から宣告されたとき、わたしは父の最期の希望をすべて聞こうと決心しました。何本ものチューブにつながれ、目も虚ろで、かすれ声の父の口元にスマートフォンをかざし、わたしは耳元でこう質問をして、父の希望を録音しました。

「これからどういう治療方針を希望する?」「延命治療はする、しない?」「死に場所はどこがいい」「お葬式には誰を呼ぶ?」「銀行の口座はどこにある?」「借金はないよね?」。わたしは矢継ぎ早に質問し、それに対して喉から絞り出すような声で父は答えました。8人部屋の病室にいた他の家族には、わたしの姿はもしかして言葉の虐待と映ったかもしれません。それでも構わず質問できたのは、祖母のときのような長い後悔を、父では味わいたくなかったからです。

祖母と父の末期がんの治療中、病院からは様々な選択肢が示されました。果たしてその選択が正しいのか、間違っているのか、**家族は不安を抱え、それでも選択し、前に進まなくてはなりません。その道標《みちしるべ》となるものが本人の希望であり、意思です。**家族による代理判断は、人の命を代わりに背負うことであり、その責任は重く難しいものです。

介護で看取る家族に、どう死にたいかを確認するタイミングは、早ければ早いほどいいのです。「死ぬときの話なんて、縁起でもない」と思うかもしれませんが、わたしのように死にかけている父に確認するほうが、よっぽどつらいことです。縁起でもないと言いながらも、笑って死について話し合えるようなタイミングこそが理想的なのです。

認知症の母とは、祖母の命日である11月4日付近に、エンディングノートを毎年更新するようにしています。「棺《ひつぎ》には何を入れたいか?」「どんなお葬式にしたいか?」「葬式には誰を呼んだらいいか?」「戒名はどうするか?」「延命治療は行なうか?」など、かなり細かいところまで話し合って、エンディングノートに記入しています。

母は認知症が進行している最中なので、いつまで本人の意思を聴き取れるかわかりませんが、それでも判断できるうちにどう死にたいのかを、毎年確認していきます。

マンガで読む！じっくりポイント【元気なうちにできることをやっておく】

葬儀屋は生きている間に決めておく

ざっくりポイント

・看取りという体力も精神力も奪われた直後にやってくるのが葬儀
・故人が生きている間に葬儀の内容を確認しておく
・葬儀屋のペースに巻き込まれないよう、前もって葬儀の話し合いをしておく

葬儀で後悔しないためにやっておくべきこと

家族を看取った直後という、精神的にも体力的にも消耗した状態でも、やらなければいけないのがお葬式の準備です。わたしは祖母と父の喪主を務めたのですが、葬儀屋との打ち合わせからはじまり、お寺とのやりとり、参列者への連絡、弔問客への挨拶、喪主の挨拶などで本当に疲れました。

公益社「『葬儀リテラシー』に関する意識・実態調査（2018年）」によると、喪

主をはじめて務めた平均年齢は47・1歳で、50歳未満では52％の人が喪主を経験するそうです。晩産化が進み、若い喪主が増えていると、葬儀屋の人が言っていました。「故人の生前に、葬儀について十分な話ができていたか」という質問に対しては、61％の人が「できていなかった」と答え、「喪主を務めた葬儀において後悔していることがある」という人は49％もいたそうです。

葬儀で後悔することは、まず「故人に葬儀の内容を聞いていなかった」「葬儀に誰を呼ぶか決めていないため、親族や知人が把握できなかった」「費用を見積もっていないため、想定以上の葬儀費用がかかってしまった」という意見もあります。**「喪主の葬儀に関する知識の有無が、葬儀の内容や満足度に影響する」と答えた人が76％もいることからも、生前に葬儀屋と打ち合わせを行なっておいたほうがいい**と思います。

葬儀に関しても故人の遺志は確認しておくべき

祖母が余命半年と宣告されたあと、わたしは近所の葬儀屋で葬儀の見積もりを依頼しました。そこは、毎月かけ金を払って積み立てる互助会方式の葬儀屋で、会員でなかった祖母は、とにかく葬儀費がかかることがわかりました。そのため、わたしは家出した父の親族が経営する互助会方式でない葬儀屋を、いざというときのためにチェックしておきました。

病院は、遺体を長く安置してくれません。次に亡くなる人のために、霊安室を常に空けておく必要があるからです。しかし、事情をよく知らなければ「葬儀屋さんはどちらか、お決めになられていますか?」という看護師や病院関係者の事務的な言葉に、ショックを受けてしまうかもしれません。もし葬儀屋を決めていなければ、病院が紹介する葬儀屋や、ＣＭで見たことのある程度の知識のところを選んでしまうことになります。

祖母の葬儀は結局、父の親族の葬儀屋にお願いしました。祖母と葬儀の話もできなかったので、娘であるわたしの母の希望を聞きながら、葬儀を行ないました。祖母の葬儀屋はわたしも小さい頃から知っていたので、葬儀の規模も費用もコンパクトにまとめていただきました。

父とは、亡くなる2日前にどこの葬儀屋にするかを話し合っていました。、在宅で看取るつもりが、最期の数時間だけ救急車で病院に運ばれてしまったこともあって、父も病院からは早く出るように言われてしまいました。まさか、こんなにすぐ亡くなると思っていなかったので、やむを得ず2日前に父が言っていた葬儀屋にお願いすることにしました。

父の指定の葬儀屋は互助会方式の葬儀屋で、父は非会員でした。高額な葬儀を覚悟したのですが、偶然、父の姉が会員だったので、会員の権利を譲渡してもらって、会員価格で葬儀を上げることができました。

これらのことから学んだのは、生前に葬儀屋を決め、葬儀費用の概算を見積もり、その費用を誰がどのくらい負担するのかまで、きちんと検討しておくべきということです。たとえ介護が終わって、介護費用の支出はなくなっても、最期に葬儀という大きな支出が待っているのです。また、生前に葬儀屋の担当と会っておくことで、気持ちにゆとりも生まれます。突然、どこの誰だかわからない第三者に葬儀を仕切られると、あまりいい気持ちはしません。祖母の葬儀屋は顔見知りで安心できましたが、父の葬儀屋は初対面で、安心できませんでした。

生前の父とは、葬儀費用をどこから捻出するかまで話し合っていました。

「俺が亡くなったら、医療保険を請求しろ。200万円おりるから」と父は言いました。200万円あればなんとかなると思い、わたしは父が亡くなったあとに保険金の請求を行なったのですが、支払われた金額はたったの5万円……。生前に保険の加入状況、保険証券の番号など、きちんと確認しておくべきでした。結局、葬儀費用の不足分はすべて、わたしが立て替えることになったのですが。

葬儀代が増えてしまう理由

葬儀代が増えてしまう理由は、いくつかあります。

ひとつは、葬儀屋主導の葬儀になってしまうことです。葬儀屋をあわてて決めてしまった段階から、すでに葬儀屋のペースになってしまいます。それに加え、喪主自身が死別のショックで正常な判断や調整業務ができないかもしれませんし、モンスターペアレントならぬモンスター親族が、「立派な葬儀を上げないと故人が浮かばれない」「最期ぐらいちゃんと見送るのが礼儀」などと言ってくることもあります。お通夜や火葬の日程をすぐに決めないとならないので、とにかく時間に追われ続けます。

葬儀屋も、ことあるごとに追加のオプションを提案してきます。たとえば、父の棺の中に畳を敷いたほうがいいとか、棺はヒノキのほうがいいなど、営業トークは止まりません。それが仕事なのでやむを得ませんが、**喪主は毅然とした態度で臨まないと、葬儀後にびっくりするような請求をされることになりかねません。**わたしは、「亡くなった父が、質素な葬儀を希望していた」という言葉を、葬儀屋に何度も繰り返し伝え、オプションを断り続けたことで、葬儀費用はある程度抑えられました。それでも、質素にした割には70円万近くかかってしまい、本当に質素な葬儀だったかは疑問です。

ふたつ目の理由は、葬儀の参列者への声かけです。情報統制をきちんと行なわないと、思った以上に参列者が集まり、それによって葬儀の金額が増えることもあります。

父の葬儀では、父の会社員時代の元同僚が、たまたま父の最期の瞬間に立ち会ったこともあって、会社関係に葬儀の日時が広まってしまい、「家族葬でいい」と言っていた父の思いとは裏腹に、参列者が増えてしまいました。

葬儀やお通夜、火葬などを家族のみで行なう場合は、情報統制が必要です。想定外に参列者が増えてしまえば、費用も追加でかかってしまいます。香典も増えるので、金額面はある程度相殺されるのですが、喪主は知らない人が増えることで、気を配る相手も増えて疲れます。

また、「わたしも葬儀に参加したかった」「なぜ声をかけてくれない」など、親族や友人などからクレームが来る可能性もあるので、葬儀に関する「故人の遺志」もきちんと確認しておく必要があります。

喪主が「故人の遺志」というカードを持っておけば、いろいろ葬儀に口を出されたとしても、葬儀に呼ばれないと文句を言われたとしても、**すべて「故人の遺志です」とだけ答えればいいのです。**わたしが生前の父と葬儀やお墓について話し合ったことを、すべてスマートフォンに録音した理由は、親族や参列者から葬儀などに関してクレームを言われたときの保険のためでもあります。

今、見直されているのが「自宅葬」

火葬場の日程の都合で、わたしは父の遺体を父のマンションにいったん戻して、父の遺体と2晩ともにしました。「幽霊が出るのでは?」という不安があったものの、父とゆっくり向き合うことができました。

その2日間で、葬儀には呼んでいないけれども、在宅医療・介護でお世話になった医師、看護師、ヘルパー、作業療法士が自宅に来てくださり、手を合わせて涙ながらに父との思い出を遺体の前で話す時間を作ることができました。

亡くなったあとの手続き、葬儀屋との調整に追われる中で、たまたまできたこの2日間というゆっくりとした時間は、とても大切なものでした。誰にも邪魔されず、ただ遺体と向き合う時間の中で、父との思い出を振り返り、自分の気持ちを整理する時間に使えました。こういった心の余裕を持つためにも、生前に葬儀屋と相談しておくべきなのです。首都圏ではすでに火葬場が不足してきているので、父のとき以上に火葬まで時間がかかってしまうこともあるようです。

祖母と父の葬儀を経験して思ったのは、「できれば自分たちのペースで葬儀をしたい」ということでした。それを実現するひとつとして、昔は当たり前に行なわれていた「自宅葬」があります。わたしが注目している葬儀社は、鎌倉自宅葬儀社です。鎌倉を中心に、神奈川、東京、埼玉までカバーしています。この会社は、葬儀社のペースに巻き込まれず自分たちのペースで葬儀が進められること、追加料金が発生せず、自分たちの希望に合ったカスタマイズをしてくれます。

マンガで読む！ じっくりポイント【葬儀は一体どうすればいい？】

遺品整理業者から教わったこと

ざっくりポイント

・葬儀、お墓の費用のほかに、遺品整理の費用も忘れないこと
・施設入居時の生前整理も、遺品整理業者が行なっている
・ケアマネや包括が、いい遺品整理業者を知っていることもある

遺品整理は想像以上にやるべきことが多い

父のお墓も決まり、死後の手続きもほとんど終え、次にやらなければならなかったのが、父の不動産の手続きでした。父が住んでいたマンションを売却するにあたり、まずわたしは父の遺品を整理することにしました。

遺品には故人との思い出が詰まっており、遺品を整理することは、思い出も一緒に整理することでもあります。遺品を手に取った瞬間、心の引き出しのどこかにしまい

込んでいた故人との思い出、つらかった介護の日々が、次々とよみがえります。

ただ、わたしの場合、父の遺品には何の思い入れもありませんでした。というのも、家出した父の27年間がどういったものか、わたしにはよくわからなかったからです。父を看取るまでの2か月間、父のマンションに通い詰めましたが、わずか2か月では遺品に思い出を充填《じゅうてん》するまでには至りませんでした。

父の姉をマンションに呼んで、必要な遺品を持って行ってもらったあと、わたしは淡々と遺品の整理を行ない、同時にケアマネから紹介してもらった遺品整理業者に連絡しました。

なぜ、ケアマネが遺品整理業者を知っていたかというと、ケアマネの中には生前整理に立ち会った経験のある人もいるからです。生前整理とは、生きている元気なうちに死後のことまで考えて、身の周りの整理をすることです。自宅から、介護施設への入居が決まった場合にも、生前整理を行なうことがあります。残された家族のために生前に物を整理しておく方、自分が病気やケガをしたときのために生前整理をする方など、動機もいろいろです。包括の方も、業者を知っているようです。

遺品整理業者選びの注意点

わたしは父の死後、親族である程度遺品を整理し、残った遺品を業者に廃棄依頼すべく、見積もりをお願いしました。そこで、業者を選ぶ際、いくつか注意点があることがわかりました。たとえば、産業廃棄物の収集運搬許可があれば間違いのない業者だと思っていたのですが、そもそも家には産業廃棄物はほとんどありません。むしろ「家庭系一般廃棄物」の収集、運搬ができないといけないのです。また、**悪徳業者にお願いすると、思い出の詰まった遺品を手荒に扱われたり、不法投棄されたりすることもあるので、ただ安ければいいというものでもありません。**

遺品整理の見積もりに立ち会った際には、業者は父のマンションのすべての部屋を写真に収めていきました。なぜ写真を撮るのか聞いてみると、遺品整理のどさくさに紛れて、他の粗大ごみなどを持ち込んで、廃棄してもらおうとするたくましい家族もいるからだそうです。また、わたしのように、思い入れのない遺品ばかりならば作業も順調に進むのですが、思い出の詰まった遺品を残すか廃棄するかの判断で悩んだり、遺品を見て涙があふれたりするご家庭もよくあるとのことで、なかなか遺品整理が進まないのだとか。

父の遺品でサイズの大きいものは、サイドボード、冷蔵庫、洗濯機、ダイニングテーブル、灯油ヒーター、自転車、小さく細々としたものだと台所にある食器、調味料、衣服などがありました。やはり大物の処分が大変なのかと業者に聞くと、実は細かい分別作業のほうが大変とのこと。各市区町村のごみルールに基づいて廃棄する必要があるので、その作業に苦労すると言っていました。そこでは、お醤油の容器を捨てるにも、まず中身を捨てて、ペットボトルと分別するといった作業が求められるのです。

結局、約50平米、3DKの父のマンションのゴミの総量は約1トンもあり、狭いマンションにそんなにも遺品があるのかと、驚きました。

遺品整理の費用

わたしが遺品整理の相場を調べたときは、3DKのマンションで15万円から40万円と、かなり費用に開きがありました。なぜかというと、広い部屋でも物が少ない、狭い部屋でもぎっしり物がある、大きい家財道具が多いなど、部屋の広さだけでは判断できないため、値段に開きが出るのだそうです。これもやはり遺品の量や質によるようです。

父の遺品整理でかかった費用は12万円でした。相場よりもかなり安かった理由は、業者の空き時間を利用して、何日かかってもいいから整理するという契約にしたからです。事前に遺品整理をしたことや、遺品に思い入れがなかったのでこういったやり方ができたのですが、実家から離れて暮らしている場合などだと、「どうしても1日で遺品整理を終えてほしい」というケースもあります。作業員が多く必要になると、その分、料金もかかります。業者によって作業の進め方に違いがあるので、見積もり段階でわからない点はクリアにしておいたほうがいいでしょう。

1トン近い父の遺品を整理してもらった結果、部屋から綺麗に物はなくなりました。大量の遺品の中に紛れていた小銭や死亡届のコピーなど、捨ててはいけないものはきちんと残されており、遺品整理業者の丁寧かつ繊細な仕事ぶりに感動しました。

ただ捨てるだけじゃない！　遺品整理のいろいろ

遺品整理業者は、次のような整理も行なうそうです。

遺品整理業者がやっていること

・ゴミ屋敷になってしまった家の整理
・余命宣告されて、緩和ケア病棟で最期をすごすための生前整理
・自殺や孤独死など、強烈な異臭の除去を行なう「特殊清掃」
・故人の魂が宿ると思われる「もの」に対しての供養
・介護施設での遺品整理
・大家さんからの依頼で夜逃げした家の整理

遺品整理業者は、ただ遺品を廃棄さえすればいいというものではなく、**遺族の気持ちに配慮しながら、きめ細やかな仕事が求められる大変な仕事です。**家族が亡くなっ

たときの費用として、葬儀やお墓、仏壇などは想定できているかもしれませんが、遺品整理も忘れないでください。

遺品整理は、葬儀やお墓選びと同じくらい大きなイベントです。葬儀や火葬で、いったん気持ちの整理がついても、この**遺品整理のときに、自分でも気づいていない、整理しきれない思いがまた、湧き上がってくるもの**です。故人の写真や思い出の品を見ながら、「何でももっと一緒にいてあげられなかったのだろう」「わたしは十分な介護をしてあげられたのだろうか……」、そんな悲しみや後悔の思いを抱えながら、遺品を整理しなくてはいけません。

余談ですが、父が会社員時代の友人と、旅行先で笑っている写真を整理しながら、「このとき、祖母の余命が半年と宣告されんだよ……」とか、「このタイミングで、あなたの妻は認知症になったんだよ」と思わずつぶやき、その旅行代金を妻や祖母の介護費用に回してくれよという怒りがこみ上げたりしたことも、今となっては苦々しい思い出のひとつです。

遺品整理って業者に頼めば簡単でしょ？
いいえ、意外に費用と時間がかかります
たとえば50平米のマンションで15～40万円ぐらい
見積りです
¥375,000
え…
捨てるの、捨てないのどっち？
どうしよう…
思い出の詰まった品をどうするか判断に迷い時間がかかる
業者選びはどうするの？
ネット検索のほかに実はケアマネが業者を知っていることも！
施設入居する際に生前整理を手伝ってもらうことがあるので！
なるほど！
生前整理
遺品整理
ゴミ屋敷の整理
特殊清掃
遺品の供養
夜逃げされた物件の荷物整理
こんな仕事をやっています
業者選びで注意することは？
産業廃棄物処理業者
家庭系一般廃棄物処理業者
こっちです
家ごとに条件が違いすぎて費用の相場がわかりにくいので見積もりや契約内容がしっかりした業者を選びましょう
ケッ
悪徳業者だと遺品を手荒に扱ったり不法投棄したり…
ポイッ
ドカッ
この部屋こんなに広かったっけ？…
葬儀やお墓…遺品整理も遺族の大事な仕事です
遺品に紛れていたお金や書類など大事なものを残しておいてくれる
命名 和久
これが残ってたよ
あっ…ああ……

介護にも深く関係する不動産と行政書士

ざっくりポイント

・相続のほとんどに、不動産が含まれている
・「お金のない介護」の場合、不動産査定も検討して、介護費用の目途《めど》をつける
・不動産業と行政書士を兼業している方は、相続関連業務に強い

不動産の「訪問査定」を依頼する

「相続のほとんどに、不動産が含まれているんですよ」。これは盛岡市にある菜園ハウジング株式会社代表取締役・岩野光進さんの言葉です。

確かに、祖母が亡くなったときも、父が亡くなったときも、土地やマンションなどの不動産の相続を行ないました。そして、**その相続に深くかかわる可能性があるのが、それまで介護してきた家族の身内**です。現金と違って不動産の相続は、相続人の誰か

ひとりで所有する、共同で不動産を所有する、不動産を売却して、その代金を相続人で分割したり、住み続ける分のお金を他の相続人に支払ったりするといったケースがあります。

第1章で紹介した「お金のない介護」の話にもつながるのですが、父の悪性リンパ腫の治療は、抗がん剤、放射線治療ともに体力的に厳しく、民間療法以外に選択肢がない状態だったので、父の医療費や介護費用をたくさん確保する必要がありました。その原資として、父のマンションを売る以外に手立てがなかったので、不動産会社に査定してもらいました。わたしがお願いした査定は「訪問査定」というやり方で、法務局で登記事項証明書を取得し、所在地や築年数、家なのかマンションなのか、面積などの周辺相場を調べ、不動産業者に来てもらって、マンションの価値を算出してもらいました。

「リバースモーゲージ」で介護費用を捻出する

マンションの査定と同時に、「リバースモーゲージ」も検討しました。リバースモーゲージとは、自宅を担保にした融資で、死亡時に不動産を売却して借金を返済するという制度です。父のマンションを担保としてお金を借り、そのお金で医療費、介護費用を捻出して、最期にマンションを売却しようと考えたのです。

父は在宅医療でしたが、このリバースモーゲージを利用しても住み続けることはできます。地元の銀行に問い合わせると、このリバースモーゲージの取り扱いがあるかどうかがわかります。盛岡という地方の場合は、不動産の価値が都市部ほど高くないこともあり、リバースモーゲージの取り扱いがなく、利用できませんでした。

次に検討したのが、民間の不動産会社が提供している、マンションの買い取りサービスです。お金が緊急で必要な場合、不動産会社がいったんマンションを買い取って現金化できるというものです。お金がすぐ手に入る反面、不動産市場（仲介）でマンションを市場で売却する価格の6割から8割程度の金額になります。検討はしましたが、お得感がなかったので利用はしませんでした。

このマンション買い取りサービスには、現金化したあとも賃貸契約を期間限定で結び、住み続けながら次の物件を見つけられるものや、仲介でマンションを一定期間売りに出し、売れなかったら不動産業者が買い取るという方法もあります。

父のときは、中古マンションを売却してワンルームに引っ越し、在宅医療を受け続けるという方法も検討しました。また、父のマンションを賃貸物件にして、家賃収入で医療費を捻出する方法まで検討しました。

賃貸は、父が住むエリアの築年数、広さから家賃を不動産会社に算出してもらいました。しかし、築年数が古すぎて、管理修繕費が高騰していて、それを家賃に乗せると、周辺の相場よりも高い価格になってしまうため、賃貸は断念しました。

結局、わたしが父の医療、介護費用をすべて立て替えるという方法にしました。父は余命1か月と言われましたが、在宅医療でどんどん元気になっていき驚く一方で、民間療法を利用した場合、わたしの貯金で父を何年介護できるか、シミュレーションをしました。それでもフリーランスである自分の貯金がどんどん減っていくのを覚悟したときは、やはり恐怖感がありました。

このように、**持ち家やマンションを所有している人は、その資産価値から医療、介護費用を考えることも大切**です。介護費用は、介護される家族の財産をまず利用することです。たとえ現金が手元になかったとしても、不動産の価値を算出しておくことは必要だと思います。

最も身近な相続の専門家である行政書士

不動産の訪問査定は終わったのですが、父はさらなる高額査定を狙い、次の不動産業者を探しているうちに亡くなってしまいました。築35年、3DKのマンションは父の意志に基づき、わたしが相続することになったのですが、訪問査定をした不動産会社が、実は行政書士の資格も持つ、先述した岩野さんだったのです。

相続の最も身近な専門家と言われる行政書士は、弁護士、司法書士などの士業とのつながりがあります。わたしの相続も一部を司法書士にお願いすることもあったのですが、すべての窓口は行政書士でした。岩野さんは行政書士と不動産業を兼業されていたこともあり、**相続からマンションの売却まで、すべてワンストップで手続きが終わったので、遠距離介護であまり滞在できないわたしには、本当に助かりました。**

マンションがわたし名義になり、できるだけ高値で売る方法を模索しました。遺品整理だけ行なって、そのままの状態でマンションを売却する方法、最低限のハウスクリーニングやクロスの張り替えだけ行なう方法、お風呂や水回りをリフォームして売る方法という、３つのアドバイスを岩野さんからもらい、約30万円かけて、ハウスクリーニングとクロスの張り替えだけ行ないました。

マンションが自分の持ち物になったとはいえ、売れるまで管理費、修繕積立金、公共料金など、毎月３万円強の支出が続きました。父の医療、介護費用、葬儀やお布施、遺品整理にかかったお金を回収するまでは、いわば毎月経費だけがかかる「負動産」でした。

マンションの売却までには、マンションの内見を案内していた不動産会社が、部屋が水浸しになっていることに気づき、東京にいるわたしに連絡してきたこともありました。原因は、水道管の水漏《も》れでした。２月の盛岡は寒暖差が激しく、共同スペースにあった水道管の水が漏れ、それが部屋に侵入して水浸しになったようです。

父が入っていた火災保険を解約しようと思っていたのですが、こういうときのためにわたしの名義に変更しておいたおかげで、カーペット補修費用の６万円は保険でカバーできました。もし、階下の部屋まで浸水していたら、被害金額はどれだけ拡大していたかわかりません。空き家でも、火災保険に入っておいてよかったのと、水漏れ被害まで火災保険はカバーしていることを、この件で学びました。

倒壊、火災、治安の悪化にもつながる「空き家問題」

介護が終わって看取ったあとに残る不動産の中には、一軒家もあります。空き家は社会問題となっていて、2033年には3・3件に1件の割合まで空き家は増えると言われています。

わたしは父からマンションを相続したものの、お金ばかり出ていく「負動産」を抱えていた頃は、マンションの通風や換気、郵便物やチラシの整理・処分、錆《さ》びが混じった水が出ないようにするための水出しなど、月1回は通っていました。もしこれが一軒家だったら、外の清掃や草取り、樹木の剪定《せんてい》の管理も必要になります。一軒家を相続しても、放っておけば住宅は劣化していくので、不動産の価値は下がっていきます。わたしのように遠方に住んでいると管理も大変になるので、今は空き家管理サービスがあるくらいです。

母の家は盛岡市内にありますが、介護が終わったら、解体して土地を売却することになると思います。そうすると、解体費用でざっと100万円から200万円かかり、更地になると固定資産税の控除がなくなり、最大で6倍の税負担が発生します。

相続の中でも、とくに不動産は取り扱いが面倒です。不動産に介護、医療費を捻出してくれると期待する介護者は多いかもしれませんが、管理が本当に大変なのです。介護や葬儀、お墓の購入だけでも大変なのに、不動産の処分はもっと大変です。父が亡くなってから、不動産の処分が終わるまでに7か月かかりました。わたしはマンションが売れて、はじめて父の介護のすべてから解放された気持ちになったのですが、何年経っても買い手がつかないケースだってあります。相続までが介護だと考える理由は、わたしのこういった経験から来ています。そんな先のことまではカバーできないと思われるかもしれませんが、いずれみなさんにも関係してくる話です。

このような経験をしてからというもの、わたしは不動産への見方にある視点が加わるようになりました。たとえば、3階建ての新築一軒家を見て、「エレベーターがなかったら70歳で上り下りできるかな」と思うようになり、たくさん部屋がある家を見たときは、「今は4人家族でいいだろうけど、30年後はわたしの実家のように、ひとりで住むのかな」と思うようになりました。人間も老いるように、不動産も老いるのです。

マンガで読む！じっくりポイント【残された不動産は「負動産」？】

余命宣告は有効に使おう！2度の余命宣告を受け、わかったこと

ざっくりポイント

・余命という残された時間に、できるだけ多くかかわるべき
・残された時間の中で「予期悲嘆《よきひたん》」を経て、悲しみやショックを和らげる
・早めの終活は決して悪いことではない

幸せな看取り方とは？

最後に、みなさんに一番お伝えしたい幸せな看取り方を紹介します。

祖母と父、2度の余命宣告を受けてわかったことは、**余命という残された時間にできるだけ多くかかわるべき**ということです。そして、本人の希望する医療や介護の手配をし、自分自身が、死と向き合う準備期間にするのです。

「多くかかわる」ということは、多くの時間を一緒にすごすことと同義だと思われるかもしれませんが違います。わたしは父の余命が短いことを知っていても、いつも通り東京へ帰り、また盛岡に戻るという遠距離介護生活を最期まで貫き通しました。父と一緒にいなくとも、訪問介護、訪問看護の調整をしたり、かかりつけの医師と治療法について相談したりしました。一緒にいなくても、本人の望む最期に向けて、着々と準備をしていったのです。「多くかかわる」とは、時間の多さではなく、やるべきことの量だとわたしは考えています。

「予期悲嘆」のプロセスを経たほうがいい

わたしが東京に戻っている間に、父は亡くなってしまうかもしれない……。そんなふうに思いながらすごしていましたが、実際、父が亡くなった日の朝、わたしは東京にいて、最期の瞬間には立ち会えませんでした。それでも、余命期間で、死に目に会えないことは覚悟して、東京と盛岡を往復していたので、それほどショックではありませんでした。

愛する人の死期を知り、悲しむことを「予期悲嘆」といいます。残されたわずかな時間の中で、**予期悲嘆のプロセスを経ることで、現実の死が訪れたときに、悲しみやショックが和らぎ、立ち直るスピードも早い**と言われています。予期悲嘆の状態になった家族は、悲しみやつらさを押し殺して平常を装うことがあり、医師や看護師は、家族の心の中にある感情を、表に出してあげようというアプローチをします。

この予期悲嘆のプロセスを経験するためには、死にゆく家族を思い、自分の内側にある複雑な感情と向き合わないといけません。悲しみやつらさだけではなく、怒りや憎しみ、自責の念など、思っている以上に心の中はぐちゃぐちゃになります。

このプロセスが十分でないと、家族を看取ったあとに後悔の波が押し寄せてきます。もっと寄り添えば、もっと感謝の気持ちを伝えておけば、もっと写真を撮っておけば……できなかったことを、亡くなったあとにも考えるのです。

父と一緒にいる時間の大切さを肌で感じ、後悔のない時間をすごせたかを自分に問うて、マンションのドアを閉め、東北新幹線に乗って東京へ帰る……その毎日の繰り返しは、とても切ないものでした。しかし、十分に予期悲嘆と向き合ったおかげで、喪主の仕事をきっちりこなすことができ、父の死が訪れても冷静でいられたのだと思います。

父とは祖母の葬儀後に大ゲンカをし、それから4年間絶縁状態でした。もし父が家出をしなかったら、祖母と母の介護は父がやり、わたしは東京で順調にキャリアを重ねることができたかもしれません。そういったことへの怒りがある一方で、亭主関白な父がもし介護をしたら、認知症の母はどうなっていたかと思うと、ゾッとしたりもしました。

そういった怒りや憎しみを相殺したものは、子煩悩だった小さい頃の父の姿でした。学校で先生に怒られても、決してわたしに手を上げることはなく、黙ってわたしに反省を促した父。週末は必ず、どこかへ遊びに連れて行ってくれた父。愛憎入り混じった、わたしの予期悲嘆の時間もまた、とても複雑だったように思います。

そう考えると、**余命宣告もなく突然亡くなってしまうピンピンコロリは、残された家族にとっては、とても酷なものなのかもしれません。**亡くなる側はピンピンコロリを望んでも、予期悲嘆のプロセスを経ることなく、また本人の意思も確認できないいま、大切な人を失う家族は大変です。そういった家族のためにも、早めの終活は決して悪いことではないと思います。

マンガで読む！じっくりポイント【幸せな看取り方】

おわりに

介護は誰のために行なうのか？

「介護は誰のために行なうのか？」という問いに対し、わたしは「自分自身のためです」といつも答えています。父のため、祖母のため、母のための介護ではなく、なぜ自分のためかというと、自分がこの先の人生で、「もっと一緒にいてあげればよかった」「介護してあげたかった」と後悔したくないからです。後悔を引きずる人生にはしたくない、だから自分のための介護なのです。

これまでの介護で後悔はなかったのかと言えば、正直に言えば後悔はあります。しかし、祖母の介護で後悔したことを、父の介護で回収し、父の介護で後悔したことは、母の介護で回収しています。

自分のための介護なら、兄弟や親族が介護をしない、手伝ってくれない、お金を出してくれないということに気を回している時間はありません。誰のためでもない、自分自身が後悔しないための介護なのです。

また、自分自身のために介護するのであれば、自分の人生や生活を、介護のために犠牲にしてはいけません。自分が親の立場で考えたとき、自分の子どもたちが介護で苦しむ姿を見たいでしょうか？　ムリしてまで、自分の介護をすることを望むでしょうか？

わたしは母をこれからも介護していきますが、目標は女性の平均寿命である87・26歳を超えることです。あと13年ほどありますが、がんばりすぎずに力を抜き、自分の人生も楽しみながら、母と一緒に人生のゴールに向かいたいと思っています。

もっと頼り上手になろう！

サッカーやバレーボールなどの団体競技の試合で、ひとりの選手の投入をきっかけに、その後の展開が大きく変わるシーンを見たことはないでしょうか。この選手をゲームチェンジャーと言うのですが、介護の世界にもゲームチェンジャーが必ずいます。**ひとりの優秀なケアマネや介護仲間との出会いをきっかけに、介護が驚くほど好転することがあるのです。**包括にアクセスできただけで、孤独な介護から解放された人もいます。いい介護施設を見つけたことで、忘れていた優しい気持ちを取り戻した人もいます。あなたの介護にとってのゲームチェンジャーは、人との出会いかもしれませんし、介護と仕事の両立を実現する会社の制度かもしれません。ネット通販で見つけた便利グッズかもしれないし、誰かの発した言葉かもしれません。

ムリのない介護を実現するために、もっと「頼り上手」になってください。介護がつらくて大変なのに、人や制度、ツールに頼れないなんて、不器用すぎます。どんどん甘えて、助けてもらって、弱さを見せていきましょう。あなたが思っている以上に、周りのみなさんが知恵や手を差し延べてくれます。介護経験のある先輩方は、いい意味でおせっかいが多いですから。この本が読者のみなさんにとってのゲームチェンジャーになれることを祈っております。

最後にこの本を一緒に作ってくれた、日本実業出版社のみなさま、出版のきっかけを作ってくださった染谷昌利さん、本の装丁をデザインしてくださった石間淳さん、4コママンガを担当してくださった横井智美さん、取材に協力してくださった木村律子さん、ケアカフェもりおか代表の菅原崇元さん、藤原陽介さんに感謝申し上げます。

今日もしれっと、しれっと。

工藤広伸

◆参考文献

『迫りくる「息子介護」の時代 28人の現場から』（平山亮、光文社、２０１４年）
『企業における「トモケア」のススメ』（一般社団法人日本経済団体連合会、２０１８年）
『今なら間に合う 脱・貧困老後』（毎日新聞出版、２０１６年）

◆購入者特典ＰＤＦダウンロードページのＵＲＬはこちらです。
↓ https://40kaigo.net/mdok
※本サービスは予告なく終了する場合があります。

工藤　広伸　（くどう　ひろのぶ）

介護作家・ブロガー。祖母（認知症＋子宮頸がん・要介護3）と母（認知症＋CMT病・要介護2）のW遠距離介護からスタート。祖母の死後、悪性リンパ腫の父（76歳・要介護5）を在宅介護で看取る。2度の介護離職を経験、成年後見人経験者、認知症ライフパートナー2級、認知症介助士。なないろのとびら診療所（岩手県盛岡市）地域医療推進室非常勤。現在も東京と岩手を年間約20往復しながら、しれっと遠距離介護中。ブログ「40歳からの遠距離介護」運営、Webサイト「介護ポストセブン」（小学館）に連載中。著書に『医者には書けない！認知症介護を後悔しないための54の心得』『医者は知らない！　認知症介護で倒れないための55の心得』（いずれも廣済堂出版）、『がんばりすぎずにしれっと認知症介護』（新日本出版社）がある。

ムリなくできる親《おや》の介護《かいご》

2018年12月20日　初版発行

著　者　工藤広伸

発行者　吉田啓二

発行所　株式会社日本実業出版社　東京都新宿区市谷本村町3-29　〒162-0845
大阪市北区西天満6-8-1　〒530-0047

編集部　☎03-3268-5651
営業部　☎03-3268-5161　振　替　00170-1-25349
https://www.njg.co.jp/

印刷／理想社　製本／共栄社

この本の内容についてのお問合せは、書面かFAX（03-3268-0832）にてお願い致します。
落丁・乱丁本は、送料小社負担にて、お取り替え致します。

ISBN 978-4-534-05639-9　Printed in JAPAN

日本実業出版社の本

最新 図解でわかる

介護保険のしくみ

服部万里子
定価本体1500円（税別）

2018年4月施行の改正介護保険法に対応したロングセラーの最新版。改正点とともに、介護保険の利用者、事業者が押さえておくべきポイントをわかりやすく解説。

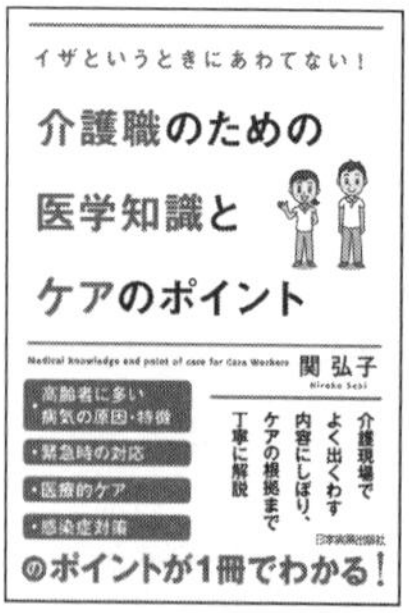

イザというときにあわてない！

介護職のための医学知識とケアのポイント

関弘子
定価本体1700円（税別）

「高齢者に起こりやすい疾病」「緊急時の対応」「感染症対策」「認知症ケア」など、介護職が最低限知っておきたい「医学知識」と「実際のケアのポイント・対処法」を丁寧に解説。

言葉づかい・ふるまい方からクレーム対応まで

介護職が知っておきたい接遇マナーのきほん

蜂谷英津子
定価本体1500円（税別）

利用者と日々向き合って仕事をする介護職だからこそ知っておきたい、声かけの際の言葉の選び方、敬語の使い方、表情の作り方などの接遇マナーを解説。

定価変更の場合はご了承ください。